Student Activities Manual

ENTRE AMIS
An Interactive Approach

Sixth Edition

Didier Bertrand
Indiana University, Indianapolis

Larbi Oukada
Indiana University, Indianapolis

Michael D. Oates
Late of University of Northern Iowa

Kathleen E. Ford
University of California, Los Angeles

Anne C. Cummings
El Camino Community College

HEINLE
CENGAGE Learning™

Australia • Brazil • Japan • Korea • Mexico • Singapore • Spain • United Kingdom • United States

HEINLE
CENGAGE Learning™

For product information and technology assistance, contact us at **Cengage Learning Customer & Sales Support, 1-800-354-9706**

For permission to use material from this text or product, submit all requests online at **www.cengage.com/permissions**
Further permissions questions can be emailed to **permissionrequest@cengage.com**

ISBN-13: 978-1-111-83348-0

ISBN-10: 1-111-83348-6

Heinle
20 Channel Center Street
Boston, MA 02210
USA

Cengage Learning products are represented in Canada by Nelson Education, Ltd.

For your course and learning solutions, visit **www.cengage.com**

Purchase any of our products at your local college store or at our preferred online store **www.cengagebrain.com**

Printed in the United States of America
1 2 3 4 5 6 7 15 14 13 12 11

Contents

Video Worksheets   201

To the Student

The Student Activities Manual (SAM) consists of two parts: a combined workbook / lab manual and the *Entre amis* video worksheets. The pages have been perforated so they can be handed in.

The workbook / lab manual contains a variety of activities intended to review and reinforce what has been presented in the classroom. The activities in the workbook / lab manual have been created specifically to supplement prononciation, vocabulary, and grammar activities in the textbook and to provide additional written and listening practice for every point taught in each chapter. They range from simple identification and fill-in-the-blank exercises to personalized written tasks based on situations that you might face in the real world. All activities are designed so they can be done without the assistance of an instructor. Many are based on authentic documents and art. Each chapter ends with a **Rédaction,** related to the theme of the chapter.

The sections in each chapter of the *SAM* correlate directly to the textbook: **Conversation, Prononciation, Buts communicatifs, Intégration**.

Listening are identified by an icon: 🔊

Video Worksheets

The *Entre amis* video worksheets correspond to each of the fifteen chapters of *Entre amis.* They will help you comprehend the French you will hear and the context in which each of the video modules takes place. Each worksheet begins with the **Vocabulaire à reconnaître** section, which consists of lists of expressions used in the video. We recommend that you consult these lists as needed to complete the activities while viewing the video module. This preparation will increase your passive vocabulary, your listening comprehension, and your cultural literacy.

CHAPITRE PRÉLIMINAIRE

Au départ

Buts communicatifs

BUT 1

A **En classe.** What would you say to ask someone to . . .

1. sit down?   _____.

2. stand up?   _____.

3. go to the door?   _____.

4. open the door?   _____.

5. leave?   _____.

6. shut the door?   _____.

BUT 2

B **Les nombres.** Spell out the following numbers.

MODÈLE: (2) _deux_____

1. *(7)* _____   7. *(15)* _____

2. *(11)* _____   8. *(29)* _____

3. *(4)* _____   9. *(10)* _____

4. *(13)* _____   10. *(6)* _____

5. *(1)* _____   11. *(5)* _____

6. *(28)* _____   12. *(21)* _____

C **Les mathématiques.** Spell out the answers to these math problems.

MODÈLES: quatre + cinq =   _neuf_____
         seize − trois =   _treize_____

1. vingt-deux + quatre = _____

2. dix-huit − deux = _____

3. quatorze + six = _____

4. cinq × six 5 _____

5. dix-sept 2 dix 5 _____

6. trois 3 cinq 5 _____

7. vingt-six 2 douze 5 _____

8. dix-neuf 2 huit 5 _____

9. neuf 3 trois 5 _____

10. sept × deux = _____

Track 1-1

D Deux plus deux. Math is math in any language. For example:

huit	**moins**	**trois**	**font**	**cinq**	or	**huit**	**plus**	**trois**	**font**	**onze**
8	**−**	**3**	**=**	**5**		**8**	**+**	**3**	**=**	**11**

Look over the following addition and subtraction problems. One number in the equation is written in for you. You will hear the given number and *one* of the other numbers in the equation.

Partie A. Write the new number that you hear in the appropriate space. Then solve the problem.

1. 6 + _____ = _____

2. _____ − 14 = _____

3. 4 + _____ = _____

4. 13 + _____ = _____

5. _____ − 10 = _____

6. _____ − 11 = _____

Partie B. Listen to the audio again as each equation is read with the answer. Did you get the right answers?

BUT 3

E Il est... Tell what time it is. Spell out the times given.

MODÈLE: 1 h 30 *Il est une heure trente.* _____

1. 2 h 30

_____

2. 3 h 10

_____

3. 6 h 15

_____

4. 10 h

_____

5. 4 h 30

_____

6. 5 h 20

_____

7. 11 h 30

_____

8. 1 h 50

_____

9. 3 h 40

_____

10. 1 h

_____

PRONONCIATION

Track 1-2

F **Masculin ou féminin?** Read the pronunciation section of ***Entre amis***. Decide whether the following words are masculine or feminine, and place an X in the appropriate column.

	Masculin	Féminin
Example	X	
1.		
2.		
3.		
4.		
5.		
6.		
7.		
8.		
9.		
10.		

Track 1-3

G **Les nombres et l'alphabet français.** Review the French numbers and alphabet in the **Chapitre préliminaire**. Listen, then say and spell the names below and say the phone numbers in French.

1. Bruno, B-r-u-n-o

2. 03−25−30−28−17

3. Caroline, C-a-r-o-l-i-n-e

4. 03−15−12−06−21

BUT 4

H Quel temps fait-il? Look at each drawing and describe the weather.

MODÈLE:

Il pleut. _____

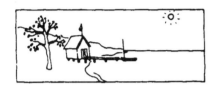

1. _____

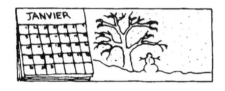

2. _____

3. _____

4. _____

5. _____

I La météo. Look at the symbol next to the name of each city and tell what the weather is like there today.

MODÈLE: Port-au-Prince *À Port-au-Prince, il fait beau.* _____

1. Alger _____

2. Dakar _____

3. Québec _____

4. Bruxelles _____

5. Strasbourg _____

J Quel est le temps d'aujourd'hui? Partie A. Listen to the following weather report. Four cities are mentioned. Number the cities in the order you hear them.

Track 1-4

_____ Montréal

_____ Bruxelles

_____ Genève

_____ Casablanca

Partie B. Listen to the weather report again and circle the weather condition described for each city.

1. Il fait du vent.   Il fait du soleil.

2. Il neige.   Il fait froid.

3. Il pleut.   Il neige.

4. Il fait beau.   Il fait chaud.

Partie C. Listen once more. After each city and weather condition there will be a pause. Repeat the weather condition you hear, then listen as the speaker says the response.

K **Expressions pour la classe.** One of your classmates is trying to learn new expressions pertaining to classroom commands. S/he made a chart to help memorize the words and expressions. Can you help complete the chart?

This French word or expression ...	means ...
Pardon?	Pardon?
Comment?	
	Please repeat.
Encore.	Again.
En français.	
	Together.
Tout le monde.	
	Close the book.
Écoutez.	
Répondez.	
	How do you say "teacher"?
On dit «le professeur».	
Que veut dire «le tableau»?	
	That means "the chalkboard."
	I don't know.
Je ne comprends pas.	

Track 1-5

L **Dans le contexte.** In this activity, you will hear brief exchanges that might occur in social situations in French-speaking countries. For each item, you will hear two interchanges. Both will have the same question, but different responses. After you hear both interchanges, circle the response you believe correct. Listen carefully to the intonation of the speakers as this may provide a clue. You will then hear the correct response.

1. Il est dix heures vingt.   Je ne sais pas.

2. Pardon?   Répétez, s'il vous plaît.

Intégration

Track 1-6

M **Ici on parle français.** People in many parts of the world speak French as their native language. In this activity, you will hear native speakers of different languages say a few words about themselves. You do *not* need to understand what each person is saying; your task is simply to decide whether or not the language spoken is French. There are pauses after each speaker so that you can think before marking your answers. You can also listen to the samples more than once if it will help you to decide.

On parle français?

	oui	non
1.		
2.		
3.		
4.		
5.		
6.		
7.		
8.		

CHAPITRE I

Bonjour

CONVERSATION

A À l'hôtel. Create a meaningful dialogue by matching the responses on the right with the appropriate questions or statements on the left.

1. Bonjour, Madame! _____

2. Vous permettez? _____

3. Vous êtes française? _____

4. Je m'appelle Lori Becker. _____

5. Excusez-moi, Madame. _____

6. Bonne journée! _____

a. Jacqueline Moreau. Enchantée.

b. Bonjour, Monsieur!

c. Merci, vous aussi.

d. Pas de problème.

e. Oui, je suis française.

f. Certainement.

B Vignette. Thomas Johnson is attending a luncheon at the *Alliance française* in Paris. He mistakenly believes he recognizes Mrs. Cardin.

Partie A. Avant d'écouter. *(Before listening).* Try to give at least one French expression for each of the following.

1. What could Thomas say to break the ice?

_____

2. What might he say to find out the woman's identity?

_____

3. How would he introduce himself?

_____

Partie B. À l'écoute. First, listen to the conversation once or twice without writing. Keep in mind who the characters are, where they are, and what they are doing. This will increase your ability to predict what they will say and therefore to understand them better. Then, write the parts that are missing in the blank spaces provided. Finally, reread what you have written to check spelling and grammar.

Track 1-7

THOMAS: Bonjour, _____.

MME LECLAIR: Bonjour, _____.

THOMAS: Excusez-moi _____.

_____ Madame Cardin?

MME LECLAIR:	Non, _____. Je _____ Cardin.
	Je _____ Madame Leclair.
THOMAS:	Mais _____?
MME LECLAIR:	Non, _____. Je _____.
	J _____ Montréal. Et vous, _____?
THOMAS:	Non, _____.
	_____.
	_____ Thomas Johnson.

PRONONCIATION

C **L'accent et le rythme.** Contrast the following pairs of French and English words by underlining the syllable that receives the main accent. Repeat the words after the example. After you repeat the word, you will hear it one more time.

	English		**French**
You underline:	A<u>mer</u>ican	You underline:	améri<u>cain</u>
You say:	American	You say:	américain
You hear:	American	You hear:	américain
		You repeat:	américain

1. equally   également
2. Canadian   Canadien
3. comparable   comparable
4. administration   administration
5. journalism   journalisme

Track 1-9

D **Les consonnes finales.** Listen to the following words and place an X in the appropriate column to indicate the final written letter.

	Ends with a pronounced consonant	Ends with a silent consonant	Ends with a silent *e*
Example		X	
1.			
2.			
3.			
4.			
5.			
6.			
7.			
8.			
9.			
10.			

© 2013 Cengage Learning. All Rights Reserved. May not be scanned, copied or duplicated, or posted to a publicly accessible website, in whole or in part.

Buts communicatifs

BUT IA

E **Première rencontre.** Write the questions that might elicit the following answers.

MODÈLE: — _Quelle est votre nationalité_ ?
—Je suis mexicaine.

1. —_____
—Je m'appelle Kristin Hoyt.

2. —_____
—Non, je suis américaine.

3. —_____
—J'habite près de Chicago.

4. —_____
—Non, je suis mariée.

5. —_____
—Pas de problème.

6. —_____
—Certainement. Asseyez-vous là.

BUT IB

F **Quelques personnes (Some people).** The following sentences describe various people. Complete the sentences with the appropriate form of the verb **être.**

MODÈLE: Je _suis_ américain.

1. Elle _____ française.

2. Nous _____ étudiants.

3. Tu _____ marié(e)?

4. Il _____ professeur.

5. Vous _____ célibataire.

6. Elles _____ à Paris.

7. Pierre Martin _____ français.

8. Ils _____ au restaurant.

G En vacances (On vacation). Write complete sentences using pronouns to describe where these people are on vacation.

MODÈLE: Christophe / Saint-Tropez _Il est à Saint-Tropez._

1. Marie-Claire / Cannes _____

2. Monsieur et Madame Pons / Bordeaux _____

3. Lori et Brooke / Lyon _____

4. Le professeur / Paris _____

5. Marielle et Jean-Luc / Biarritz _____

6. Mickey et Minnie / Disneyland Paris _____

7. Nicolas Sarkozy / Strasbourg _____

8. Et vous? Où êtes-vous aujourd'hui *(today)?* _____

BUT 1C

H Fiches de voyageur (Hotel registration forms). Here are three registration forms for a hotel in Rouen. Yours is the form on the right. Fill in all the information requested on your form. Then, using the information on the forms, answer the questions that follow using complete sentences.

Fiche de Voyageur N° _____	**Le Richelieu** 24, rue du Bac 76000 Rouen	Fiche de Voyageur N° _____	**Le Richelieu** 24, rue du Bac 76000 Rouen	Fiche de Voyageur N° _____	**Le Richelieu** 24, rue du Bac 76000 Rouen
Nom _____ CUNIN _____ (écrire en majuscules)		Nom _____ McGRATH _____ (écrire en majuscules)		Nom _____ (écrire en majuscules)	
Prénom(s) _Sophie_		Prénom(s) _Christopher_		Prénom(s) _____	
État civil _veuve_		État civil _divorcé_		État civil _____	
Profession _artiste_		Profession _professeur_		Profession _____	
Domicile _6, Bd de Brosses_		Domicile _12 Blake St._		Domicile _____	
Dijon		_Londres_		_____	
FRANCE		_ANGLETERRE_		_____	
Nationalité _française_		Nationalité _anglaise_		Nationalité _____	
Signature _Sophie Cunin_		Signature _Christopher McGrath_		Signature _____	

Questions:

1. Qui *(Who)* n'est pas marié? _____

2. Quelle est la nationalité de Mme Cunin? _____

3. Quelle est la nationalité de M. McGrath? _____

4. Où habite Mme Cunin? _____

5. Où habite M. McGrath? _____

6. Qui est professeur? _____

7. Qui est artiste? _____

BUT 2

I **Galerie de portraits.** Write a complete sentence identifying each of the following famous persons' nationalities.

MODÈLE: Barack Obama *Il est américain* _____.

1. The Rolling Stones _____

2. Nicolas Sarkozy _____

3. Lady Gaga et Madonna _____

4. Penelope Cruz _____

5. votre professeur de français _____

6. Et vous? Quelle est votre nationalité? _____

Track 1-10 **J** **Le monde francophone.** Listen to the following native speakers as they introduce themselves to you in French and tell you where they are from. You will hear each greeting twice. Then match each person with his or her nationality.

_____ 1. Georgette	a. marocain(e)	
_____ 2. Françoise	b. français(e)	
_____ 3. Pierre	c. canadien(ne)	
_____ 4. Monsieur Patou	d. sénégalais(e)	

BUT 2D

K **Mais non!** You and a friend are discussing the national origins of various international celebrities. Your friend seems to be getting everything wrong. Correct each statement by negating it, then give the correct nationality of the person in question. Make sure that the subject pronoun, the verb, and the adjective agree with the nouns they modify!

MODÈLE: Roger Federer / américain / suisse

— *Roger Federer est américain.*   .

— *Mais, non! Il n'est pas américain, il est suisse.*   .

1. Javier Bardem / mexicain / espagnol

  — _____

  — _____

2. Céline Dion / français / canadien

  — _____

  — _____

3. Hillary Clinton / anglais / américain

  — _____

  — _____

4. Youssou Ndour / marocain / sénégalais

  — _____

  — _____

5. Benny Andersson et Bjorn Ulvaeus d'Abba / allemand / suédois

  — _____

  — _____

BUT 3E

L **Chassez l'intrus (Chase out the intruder).** Cross out the word that does not belong with the others. Base your choice on gender or number.

1. jolie, belle, petite, beau

2. petite, laide, gros, belle

3. beau, petite, vieux, gros

4. minces, jeunes, jolis, grand

5. vieille, laide, grande, vieux

6. jolis, laides, minces, belles

7. grosses, vieilles, petits, belles

8. belles, grands, laids, beaux

M **Quelques descriptions.** Combine each group of words into a complete sentence. Use the correct form of the verb **être** and make all necessary agreements.

MODÈLE: Aurélie / être / grand / très mince   *Aurélie est grande et très mince.*   .

1. Mireille / être /vieux _____

2. Françoise / être / petit _____

3. Jean-Luc et Pierre / être / très grand _____

4. vous / être / célibataire _____

5. Michel et Delphine / être / marié _____

6. nous / être / fiancé _____

7. tu / être / grand / assez mince _____

8. Bernard et Ghislaine / être / divorcé _____

9. Béatrice / être / très mince / très beau _____

10. Alice / être / assez petit / très beau _____

N Quelques descriptions (suite). Partie A. Listen to the words that follow and decide whether they are masculine or feminine. Check the appropriate column. If you can't tell, check **je ne sais pas.**

Track 1-11

masculin	féminin	je ne sais pas
1.		
2.		
3.		
4.		
5.		
6.		

Partie B. As you sit in a café, you hear bits of conversation as people walk by your table. Using the blanks provided, fill in the words that describe physical appearance, nationality, or marital status. Don't worry if you don't understand all the other words.

1. Mon ami est   [_] __ __ r __ c __ __ __.

2. Où sont les touristes   i __ __ __ [_] __ i __?

3. Une [_] r __ n __ __ bière, s'il vous plaît.

4. Oh! Qu'il est [_] a __ __ !

5. Oui, ils sont f __ [_] __ __ é __ depuis un moment.

6. Sophia Loren? C'est une actrice __ __ __ l [_] __ __ n __ .

7. Tous mes amis sont c __ __ __ __ __ __ __ i __ __ [_].

8. Michèle est une __ i [_] __ __ l __ amie.

Partie C. Using the bracketed letters from activity B, fill in the blanks provided.

_____ _____ _____ _____ _____ _____ _____ _____

Can you tell the gender and number of this adjective of nationality?

_____

⊙ **Le Courrier du cœur** *(Personal ads).* Read these personal ads and correct (or agree with) the statements made about the persons in them.

29 ans, 1 m 92 (6'3"), lieutenant dans l'armée, célibataire, adore le cinéma, la musique moderne, le sport, les voyages. Tél. 06 80 73 65 04 Jacques	Veuve, 45 ans, bonne situation, belle, mince, assez élégante, de caractère jeune. Appartement Île de la Cité (Paris). Tél. 01 40 24 14 18 Isabelle	Ancien responsable financier, suisse, 75 ans, maison au bord du lac Léman, chalet à Verbier. Cherche dame cultivée et sociable. Tél. 22 3 93 61 80 Georges

MODÈLE: Jacques est vieux. *Non, il est jeune* .

1. Isabelle est laide. _____

2. Georges est assez jeune. _____

3. Jacques est célibataire. _____

4. Isabelle est mince. _____

5. Jacques est petit. _____

6. Georges est français. _____

7. Jacques adore le sport. _____

8. Isabelle habite à Genève. _____

Intégration

🔊 **P Je peux vous aider? (Can I help you?)** Pierre Bouveron is helping Martine Cheynier, a young mother who is busy taking care of her two small children, fill out her landing card. Before listening, fill in each blank by selecting the appropriate word or expression from the list below. Then listen to the conversation and check your answers.

Track 1-12

canadienne	*où habitez-vous*
certainement	*oui*
comment vous appelez-vous?	*prénom*
deux	*profession*
donnez-moi	*suis*
excusez-moi	*voilà*
Madame	

MARTINE CHEYNIER: _____, Monsieur.

PIERRE BOUVERON: Oui, _____? Je peux vous

aider?

MARTINE CHEYNIER: _____ le problème: je voudrais remplir *(fill out)* la

carte, mais avec mes _____ bébés, c'est assez difficile

(rather difficult).

PIERRE BOUVERON: Ah! _____, je comprends! Alors, _____ la carte.

Numéro un: _____?

MARTINE CHEYNIER: Cheynier. C-H-E-Y-N-I-E-R.

PIERRE BOUVERON: _____?

MARTINE CHEYNIER: Martine.

PIERRE BOUVERON: Alors, _____?

MARTINE CHEYNIER: À Québec.

PIERRE BOUVERON: Vous êtes donc _____?

MARTINE CHEYNIER: Oui, c'est ça.

PIERRE BOUVERON: Vous avez une _____?

MARTINE CHEYNIER: _____! Je _____

mère *(mother)* de famille! C'est évident!

You will hear the conversation again. Pretend you are Pierre, who is helping Martine complete her landing card. Fill it in for her.

Carte de débarquement

1. Nom: _____

   Prénom: _____

2. Date de naissance: _25/05/84_____

3. Lieu de naissance: _Québec_____

4. Nationalité: _____

5. Profession: _____

6. Domicile: _2276, rue des Érables_____

   _____ Québec (Québec)_____

   _____ G1R 2HR Canada_____

7. Aéroport ou port d'embarquement: _NY_____

À vous. Close your text before doing this activity. Respond orally and in writing. You will hear each question twice. After the question is repeated, you will have time to respond.

Track 1-13

1. _____

2. _____

3. _____

4. _____

5. _____

6. _____

7. _____

8. _____

9. _____

10. _____

LECTURE

R **Les mots apparentés (*Cognates*).** Read this online application form for a credit card in France and answer the questions below. Then fill in this application as completely as possible using your own personal information (real or invented).

Demande de carte de crédit personnelle
Informations personnelles

Civilité	○ Monsieur ○ Madame ○ Mademoiselle
Prénom	[ ]
Nom	[ ]
Date de naissance	[▼] / [▼] /
Lieu de naissance	[ ]
Adresse - Rue	[ ]
Code postal	[ ]
Adresse - Ville	[ ]
Adresse - Pays	France
Téléphone (Domicile)	00 – 33 – [ ]
Adresse e-mail	[ ]

Informations professionnelles

Vous êtes :	○ Salarié ○ Indépendant ○ Retraité
Profession	[ ]
Nom de votre employeur	[ ]

[Je valide]

Guess what the English equivalents of the following expressions might be.

a. Date de naissance _____

b. Lieu de naissance _____

_____

c. Adresse—Rue _____

d. Code postal _____

e. Adresse—Ville _____

f. Téléphone (Domicile) _____

g. Salarié _____

h. Nom de votre employeur _____

_____

RÉDACTION

S **Un dialogue au café.** In French cafés, it is not unusual for someone to sit at your table when all other tables are taken. Fill in the chart below with information about yourself and your table companion. Then write a short dialogue between you and this person.

Identités	Moi	L'autre personne
Nom:		
Adresse:		
Nationalité:		
État civil:		
Ville:		
Touriste:	Oui Non	Oui Non
Étudiant[e]:	Oui Non	Oui Non

Now, write your dialogue, taking the information above into consideration.

L'AUTRE PERSONNE: _____

MOI: _____

L'AUTRE PERSONNE: _____

MOI: _____

L'AUTRE PERSONNE: _____

MOI: _____

L'AUTRE PERSONNE: _____

MOI: _____

L'AUTRE PERSONNE: _____

MOI: _____

L'AUTRE PERSONNE: _____

RÉVISION

T Quelle chambre? Quelle surprise! **Partie A.** You are part of a tour group that has stopped for the night at the *hôtel de Noailles* in Montpellier. You offer to help when the tour director calls out the names of group members and tells them their room assignments. Use the check-off column on the left below to mark each name that the tour director calls. Note that not all of the people on the list will be staying at this hotel.

Liste des voyageurs

	Nom	*Numéro*
_____	Carron, Claude	_____
_____	Charvier, Évelyne	_____
_____	Delombre, Françoise	_____
_____	Dupont, Marc et Caroline	_____
_____	Duvalier, Georges	_____
_____	Hamel, Oreste	_____
_____	Laval, Jeanne	_____
_____	Martin, Étienne et Chantal	_____

Partie B. Listen again as the tour director repeats the names and room numbers. This time, indicate on the form the number of the room each traveler is assigned to occupy.

Partie C. This time, when the tour director repeats the room assignments, people aren't paying attention—or are they? Listen and check your form against the tour director's assignments. Were *you* paying attention?

CHAPITRE 2

Qu'est-ce que vous aimez?

CONVERSATION

A **À l'université.** Create a meaningful dialogue by matching the questions on the left with their appropriate responses on the right.

1. Comment allez-vous? _____   a. À la vôtre!

2. Votre prénom, c'est Christine, je crois? _____   b. Oui, je m'appelle Christine Alexander.

3. Est-ce que vous êtes américaine? _____   c. Oui, je veux bien.

4. Voulez-vous boire quelque chose? Un coca? _____   d. Oui, je viens de Santa Clara en Californie.

5. Un kir, peut-être? _____   e. Bien, merci.

6. À votre santé, Christine! _____   f. Non, merci.

PRONONCIATION

Track 1-15

B **Comment est-ce qu'on écrit?** Read the pronunciation section for Chapter 2 of *Entre amis*. Spell the words below. Then listen to hear the correct spelling.

MODÈLE: You see: nom
             You say: **«nom» s'écrit N–O–M**
             You hear: N-O-M

1. prénom
2. adresse
3. âge
4. profession
5. nationalité

Buts communicatifs

BUT I

🔊 Track 1-16

C **Comment allez-vous?** **Partie A.** When greeting others, remember that the expressions **salut!** and **ça va?** or **comment ça va?** are only used with familiar relationships, for example, with family and friends or with other students. Listen to the following exchanges and decide if the greeting and question are correctly matched. Follow the models.

	correct	incorrect
MODÈLE:	_____	X
MODÈLE:	X	_____
1.	_____	_____
2.	_____	_____
3.	_____	_____
4.	_____	_____
5.	_____	_____
6.	_____	_____

Partie B. Write a more socially acceptable exchange for any of the items you marked as incorrect in part A, above.

MODÈLE: — *Bonjour, Madame. Comment allez-vous?* _____?

_____

_____

_____

BUT 1A

D **Une promenade.** When Monsieur Noiret takes a walk in his neighborhood, he usually greets his neighbors. Look at the drawings and respond appropriately to Monsieur Noiret's questions.

MODÈLE:  —Bonjour, Madame. Vous allez bien?
— *Oui, je vais (très) bien, merci.* _____

1. —Comment ça va, Christelle?

2. —Salut, Pierrot. Ça va?

3. —Bonjour, Mademoiselle. Comment allez-vous?

1. — _____

2. —Non, _____

3. — _____

4. —Bonjour, Monsieur.
Vous allez bien?

5. —Bonjour, Madame.
Comment allez-vous?

6. Et vous? Comment
allez-vous?

4. — _____

5. — _____

6. — _____

BUT 2

🔊 **E** **Vous trouvez?** Listen as the following people give and receive compliments. You will hear two responses to each compliment. Circle the letter of the response you feel is more polite.

Track 1-17

1. a   b
2. a   b
3. a   b
4. a   b
5. a   b
6. a   b

BUT 2B

F **Quelques activités.** Complete each sentence with the appropriate verb form.

MODÈLE: *(écouter)* Nous _écoutons_ «France Inter» le matin.

1. *(travailler)* Tu _____ beaucoup!

2. *(habiter)* _____ près de l'université.

3. *(nager)* Ma mère _____ comme un poisson.

4. *(parler)* Mon père ne _____ pas bien le français.

5. *(aimer)* _____-tu le coca?

6. *(manger)* Nous ne _____ pas de pizza le matin.

7. *(trouver)* Vous _____?

8. *(regarder)* Mon amie Virginie _____ souvent la télévision.

9. *(aimer)* Thibault et Marc n' _____ pas danser.

10. *(étudier)* Mes amis _____ l'espagnol.

G Une carte postale de Biarritz. Some verbs are missing from Marie-Laure's postcard. Insert the missing verbs from the following list. Be sure to conjugate them.

adorer	*manger*	*nager*
jouer	*regarder*	*travailler*
parler	*danser*	*étudier*
aller		

Chère Céline,

Biarritz est vraiment super! Benoît et Delphine _____

souvent au tennis. Jean est un vrai poisson. Il _____

le matin et le soir. Moi, _____ la biologie marine et je

_____ beaucoup avec ma grand-mère (grandmother).

Nous _____ souvent la télé ensemble. Quelquefois, Marc

et moi, nous _____ des spécialités de Biarritz et nous

_____ en discothèque. Ah! que _____

les vacances! Et toi? Ça _____ bien? Tu

_____ au laboratoire de langues?

Ciao!

Marie-Laure

H Compréhension. Reread Marie-Laure's postcard and answer these questions.

1. Qui est à Biarritz? _____

2. Qui danse en discothèque? _____

3. Benoît et Delphine aiment-ils le tennis? _____

4. Est-ce que Marie-Laure étudie l'anglais? _____

5. Qui nage beaucoup? _____

6. Et vous? Vous nagez bien? _____

7. Est-ce que vous aimez danser? _____

8. Est-ce que vous jouez au tennis? _____

9. Travaillez-vous beaucoup? _____

10. Voyagez-vous souvent? _____

BUT 3

❶ Chez les Brunet. Monsieur and Madame Brunet are offering their guests something to drink. Look at the images, then write both the Brunets' questions and their guests' responses in the space below. Vary the responses as much as possible.

MODÈLE:

— *Qu'est-ce que vous voulez boire?*
— *Je voudrais une tasse de café, s'il vous plaît.*

ou

— *Voulez-vous une tasse de café?*
— *Oui, je veux bien. ou Non, merci.*

1.

2.

3.

4.

5.

6.

1. — _____

— _____

2. — _____

— _____

3. — _____

— _____

4. — _____

— _____

5. — _____

— _____

6. — _____

— _____

7. Et vous? Voulez-vous boire quelque chose?

— _____

BUT 3C

J Quelles sont vos activités à l'université? You are explaining to a friend some of your college activities. Fill in the blank with the correct article as needed. Some items may not require an article.

1. À l'université les professeurs écoutent _____ étudiants.

2. Les étudiants ne regardent pas souvent _____ télé, mais ils aiment regarder _____ sports.

3. Mes amis écoutent beaucoup _____ radio.

4. Mon camarade de chambre étudie _____ allemand. Il parle bien _____ français.

5. Moi, j'étudie _____ français. Je parle mal _____ allemand.

BUT 4

K Un sondage (A survey). Seynabou, a student from Senegal, and Mahmoud, a student from Tunisia, have given their likes and dislikes in the chart below. Fill in the right-hand column with your likes and dislikes. Then, write eight sentences comparing your preferences. Use **moi aussi** and **moi non plus** when possible.

	Seynabou (sénégalaise)	Mahmoud (tunisien)	Et vous?
étudier	bien	assez bien	
voyager	beaucoup	pas du tout	
danser	assez bien	pas du tout	
nager	pas du tout	bien	
regarder la télé	bien	beaucoup	
parler avec des amis	beaucoup	assez bien	
l'eau minérale	assez bien	pas du tout	
le citron pressé	assez bien	bien	
le coca	pas tu tout	beaucoup	

MODÈLE: — *Seynabou aime beaucoup voyager, mais Mahmoud pas du tout. Moi aussi, j'aime beaucoup voyager.*

MODÈLE: — *Seynabou aime bien étudier, et Mahmoud assez bien. Mais moi, je n'aime pas du tout étudier.*

1. _____

2. _____

3. _____

4. _____

5. _____

6. _____

7. _____

L **Boissons fraîches (Cold drinks).** Select five drinks from the menu below and write a sentence describing how you like (or don't like) each drink.

BOISSONS

Coca-cola	2,80 €	Jus de fruits	2,80 €	Thé	2 €
Orangina	2,80 €	Bière	5 €	Chocolat chaud	3,50 €
Vittel, Perrier	4 €	Express	2 €	Vins: rouge	
Limonade	2,80 €	Café crème	4 €	blanc	5 €
				rosé	

MODÈLE: — *J'aime beaucoup le jus de fruits le matin.*

— *Je n'aime pas le Perrier.*

1. _____

2. _____

3. _____

4. _____

5. _____

M **Au Café de l'Esplanade. Partie A.** Look over the menu from the Café de l'Esplanade. Write your answers to the following questions.

Café de l'Esplanade

boissons
café express 4€
café au lait 3€
café crème 4€
thé 3€
Vichy, Vittel, Perrier 5€
  avec sirop de citron 5.50€
jus d'orange 5.50€
coca, coca light 4.50€
limonade 4.50€
orangina 4.50€
orange ou citron pressé 5.50€
demi-pression 6€
bière allemande 7€
vin blanc ou rouge 6€
vin de Californie 7€

plats
salade 7,00€
croque-monsieur 9,00€
omelette 8,00€
pizza 10€

1. C'est l'après-midi. Qu'est-ce que vous voulez boire?

_____

2. Vous avez 13,50 euros, et vous désirez manger quelque chose. Qu'est-ce que vous mangez?

_____

Partie B. While you are relaxing at the Café de l'Esplanade, you hear the waiter take orders from three other tables.
Track 1-18 As you listen to these conversations, check off the food and drinks ordered by the people at each table. Note that not all of the choices will be ordered.

Table #1

_____ vin blanc

_____ vin rouge

_____ vin de Californie

_____ café au lait

_____ thé

_____ eau minérale

Table #2

_____ omelette

_____ pizza

_____ Perrier citron

_____ jus d'orange

_____ coca

_____ coca light

Table #3

_____ lait

_____ limonade

_____ Orangina

_____ citron pressé

_____ bière allemande

_____ coca

Partie C. Turn off the audio and look again at the lists above. List below all the food and drink items actually ordered.

	Table #1	Table #2	Table #3
café au lait	_____	_____	_____
_____	_____	_____	_____
_____	_____	_____	_____
_____	_____	_____	_____
_____	_____	_____	_____
_____	_____	_____	_____
_____	_____	_____	_____
_____	_____	_____	_____

Partie D. Listen again to the three conversations. Write the *quantity* of each item ordered by the different parties in the spaces provided above. You may want to listen to the conversations more than once.

Partie E. Look over the menu for the Café de l'Esplanade. Listen to the server who comes to your table and asks for your order. Since the café is very noisy and the tables are close together, your server has trouble hearing you. Order a drink and food item. Speak your part in the conversation you hear.

BUT 4D

N Une enquête (An interrogation). A detective is asking a suspect a series of questions. The detective's questions are missing. Write logical questions for the following answers.

MODÈLE: DETECTIVE: — _Vous êtes Madame Leblanc?_ _____

        SUSPECT: —Oui, je suis Valérie Leblanc.

1. DETECTIVE: — _____

        SUSPECT: —Oui, j'habite à Boston.

26 Entre amis Student Activities Manual

2. **DETECTIVE:** —_____

   SUSPECT: —Non, je ne suis pas américaine. Je suis canadienne.

3. **DETECTIVE:** —_____

   SUSPECT: —Non, je ne suis pas mariée; je suis veuve.

4. **DETECTIVE:** —_____

   SUSPECT: —Non, je ne suis pas professeur de français.

5. **DETECTIVE:** —_____

   SUSPECT: —Oui, j'étudie le français.

6. **DETECTIVE:** —_____

   SUSPECT: —Oui, je parle très bien français.

7. **DETECTIVE:** —_____

   SUSPECT: —Oui, je voyage souvent.

8. **DETECTIVE:** —_____

   SUSPECT: —Non, Monsieur. Je ne travaille pas.

⊙ **Au café.** The owner (**Le propriétaire**) of the café Les Grands Ducs often greets his regular customers and exchanges a few pleasantries with them. Select an appropriate expression from the list below to complete the dialogue.

vous voulez boire	*s'il vous plaît*	*pourquoi pas*
vous êtes	*étudiante*	*assez bien*

LE PROPRIÉTAIRE: Ça va bien, Jérôme?

JÉRÔME: (1) _____, merci, Monsieur.

LE PROPRIÉTAIRE: Un petit café?

JÉRÔME: (2) _____?

LE PROPRIÉTAIRE: Vous travaillez toujours au laboratoire de langues?

JÉRÔME: Oui.

LE PROPRIÉTAIRE: Et vous, Mademoiselle? Qu'est-ce que (3) _____?

ASHLEY: Un coca, (4) _____.

LE PROPRIÉTAIRE: (5) _____ américaine, Mademoiselle?

ASHLEY: Non, je suis canadienne.

LE PROPRIÉTAIRE: Vous êtes (6) _____, alors?

ASHLEY: Oui, à l'université de Bourgogne.

🔊 **Ⓟ Les rendez-vous au resto U** *(university cafeteria)*

Track 1-19 **Partie A.** Several groups of students have met for lunch in the **resto U.** They are discussing their activities, studies, and favorite foods and drinks. As you hear each conversation, cross out the item that is *not* mentioned.

1. le tennis   le football   le basket-ball   le football américain
2. chercher   pleurer   danser   regarder
3. le vin blanc   le vin rouge   le vin rosé   la bière
4. l'anatomie   les maths   la physique   la biologie
5. une orange   une salade   un sandwich   une omelette

Partie B. The conversations you just heard contain several cognates. Listen to the conversations again, using the cognates to help you understand the gist of each one. Then choose the answer that best completes the questions below.

1. Pascal ne joue pas au tennis, mais il aime …

    a. le football.   b. le football américain.   c. le basket-ball.

2. Muriel aime …

    a. danser.   b. regarder les films classiques.   c. chercher des hommes.

3. Robert aime …

    a. le vin rouge.   b. le vin blanc.   c. le vin blanc et le vin rouge.

4. Les deux étudiantes …

    a. ne travaillent pas beaucoup.   b. étudient beaucoup.   c. aiment étudier.

5. L'homme va manger …

    a. un sandwich.   b. une omelette.   c. une bière.

Intégration

Ⓠ Un rencontre. At a dance, two French speakers have just met.

Partie A. Avant d'écouter. Before listening, try to give at least one French expression for each of the following.

1. What might they say to each other prior to dancing?

_____

2. What might they say while dancing?

_____

🔊 **Partie B. À l'écoute.** First, listen to the conversation once or twice without writing. Keep in mind who the characters
Track 1-20 are, where they are, and what they are doing, to predict what they will say and understand them better. Then, write
the missing parts in the blank spaces provided. Finally, reread what you have written to check spelling and grammar.

ALAIN: Vous _____?

SYLVIE: Non, je _____.

ALAIN: Eh bien, _____.

SYLVIE: J'_____.

ALAIN: Vous _____.

SYLVIE: _____?

ALAIN: _____ oui, _____.

🔊 Ⓡ **À vous.** Close your text before doing this activity. Respond orally and in writing. You will hear each question
Track 1-21 twice. After the question is repeated, you will have time to respond.

1. _____

2. _____

3. _____

4. _____

5. _____

6. _____

7. _____

8. _____

9. _____

10. _____

RÉDACTION

S **Des conversations au téléphone.** Imagine a phone conversation with each of these exchange students. Find out where s/he lives, what languages s/he speaks, what s/he studies, and what s/he likes or does not like. Include four questions and four answers in each dialogue.

MODÈLE: —*Comment vous appelez-vous?*

—*Je m'appelle Toundi.*

—*Comment est-ce qu'on écrit «Toundi»?*

—*T.O.U.N.D.I.*

—*Vous étudiez le français?*

—*Non, mais je parle bien le français. J'étudie la géographie.*

—*Vous aimez le café, n'est-ce pas?*

—*Oui, j'aime beaucoup le café!*

CHAPITRE 3

Chez nous

CONVERSATION

A **À la gare.** Create a meaningful dialogue by matching the answers on the right with the appropriate questions on the left.

1. Vous êtes bien Monsieur Masson? _____

2. Vous êtes fatigué, sans doute? _____

3. Vous avez de la famille ici? _____

4. Combien de sœurs avez-vous? _____

5. Comment s'appellent-elles? _____

6. Sont-elles mariées? _____

a. Pas trop.

b. Laure et Céline.

c. Deux.

d. Oui, elles sont mariées et elles ont des enfants.

e. Oui. Bonjour, Monsieur.

f. Oui, des sœurs.

PRONONCIATION

Track 1-22

B **L'accent et le rythme.** Read the pronunciation section for Chapter 3 of *Entre amis.* Then listen to the model and pronounce the following short sentences, paying particular attention to the rhythm and accent. After you repeat each sentence, you will hear it again.

1. Qui sont-ILS?
2. Ils s'appellent Jean et Marie DuBOIS.
3. Ils sont maRIÉS.
4. Ils sont canaDIENS.
5. Ils habitent à MontréAL.

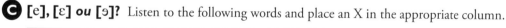

Track 1-23

C **[e], [ɛ] ou [ə]?** Listen to the following words and place an X in the appropriate column.

	[e]	[ɛ]	[ə]
1.			
2.			
3.			
4.			
5.			
6.			
7.			
8.			
9.			
10.			

Buts communicatifs

BUT I

D **La famille de Marc Dupin.** Identify the relationship of the following people in Marc Dupin's family to each other. Follow the model.

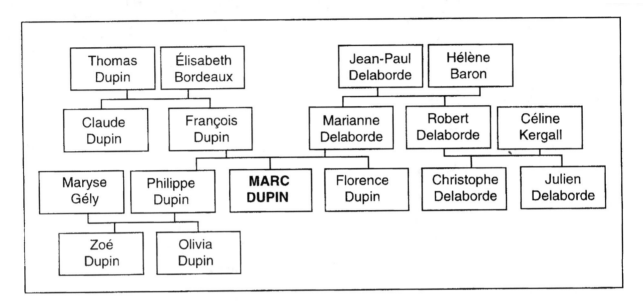

MODÈLE: Olivia Dupin / Zoé Dupin *Olivia Dupin est la sœur de Zoé Dupin.*

1. Marianne Delaborde / Marc Dupin _____

2. Jean-Paul Delaborde / Marianne Delaborde _____

_____

3. Christophe Delaborde / Julien Delaborde _____

_____

4. Hélène Baron / Jean-Paul Delaborde _____

5. Claude Dupin / Philippe Dupin

6. Élisabeth Bordeaux / Florence Dupin

7. Philippe Dupin / Maryse Gély

8. Jean-Paul Delaborde / Florence Dupin _____

_____

9. Christophe et Julien Delaborde / Hélène Baron _____

10. François Dupin / Maryse Gély _____

BUT IA

E **Couples (Pairs).** Write the masculine or the feminine form to complete the pair.

MODÈLE: un père / ___*une mère*___

1. une fille / _____

2. un cousin / _____

3. un frère / _____

4. une grand-mère / _____

5. un beau-frère / _____

6. une tante / _____

7. un mari / _____

8. une nièce / _____

9. une belle-mère / _____

10. une demi-sœur / _____

F **Les boissons des amis.** Marie-France has invited her friends over. She is making sure that everyone has something to drink. Complete her sentences using **un, une,** or **des.**

1. Jacqueline a _____ tasse de thé.

2. Didier a _____ café.

3. Benoît a _____ tasse de chocolat chaud.

4. Mireille et Robert ont _____ cocas.

5. Paulette et François, _____ oranginas.

6. Et moi, j'ai _____ kir; j'adore le cassis!

BUT IB

G **Les liens de parenté (Family ties).** Complete the following sentences using the appropriate forms of after **avoir.**

MODÈLE: Élisabeth ___*a*___ deux frères.

1. Tu _____ des frères ou des sœurs?

2. J'_____ un frère.

3. _____-vous des enfants?

4. Nous n'_____ pas d'enfants.

5. Mais on _____ des nièces et des neveux.

6. Deux étudiants de français _____ des enfants.

H **Un dialogue avec la concierge.** Florence introduces her fiancé, Scott, to the concierge at her building. Decide which form of **avoir** or **être** is appropriate to complete the dialogue.

FLORENCE: Madame Duhamel, voici mon fiancé.

SCOTT: Permettez-moi de me présenter, Madame. Je m'appelle Scott Miller.

LA CONCIERGE: Ah! vous (1) _____ un beau fiancé, Mademoiselle. Vous

(2) _____ d'où, Monsieur?

SCOTT: Je (3) _____ américain. J'habite à San Diego dans l'État de Californie.

LA CONCIERGE: La Californie. Hollywood, c' (4) _____ en Californie, non?

SCOTT: Vous aimez sans doute les films américains?

LA CONCIERGE: Oh oui! Ils (5) _____ très beaux. Mon mari (6) _____

des neveux qui habitent au Texas. Ils (7) _____ un grand ranch près de San

Antonio. Ah! Ils aiment bien le Texas!

BUT 2C

I **La famille Lejeune-Philippot.** Study the following family tree, then complete the descriptions of family members by supplying the correct family relationships and ages (spelled out in letters).

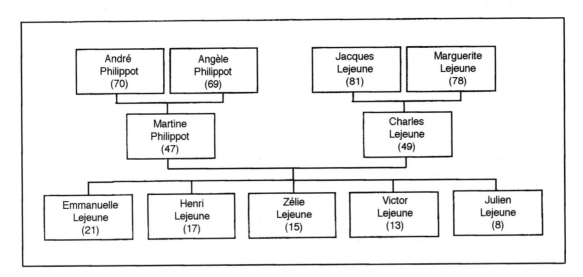

MODÈLE: Le petit *frère* de Victor s'appelle Julien. Il a *huit* ans.

1. _____ de Victor s'appelle André Philippot. Il a _____ ans.

2. Angèle Philippot est _____ d'Henri. Elle a _____ ans.

3. _____ de Victor s'appelle Martine. Martine Philippot a

_____ ans.

4. Henri a deux _____, Emmanuelle, _____ ans, et Zélie,

_____ ans.

5. Jacques Lejeune est _____ de Charles. Il a _____ ans.

6. Les deux _____ de Victor s'appellent Henri et Julien. Ils ont

_____ et _____ ans.

7. _____ des enfants s'appelle Charles. Il a _____ ans.

8. Jacques et Marguerite Lejeune sont _____ d'Emmanuelle. Marguerite a

_____ ans.

BUT 2C

J **Les deux familles de Lori Cooper.**

Partie A. Before you listen to the conversation, answer the following questions about your own family?

1. Est-ce que votre mère a des sœurs?

3. Vos grands-parents ont-ils un chat?

_____   _____

2. Combien de cousines avez-vous?

_____

Partie B. Now listen to Lori describe her families. Stop the audio as needed to fill in the missing words in the
Track 1-24 sentences below. Some letters will fall in the bracketed spaces; you will be using these letters later.

MARC: __ __ -tu une __ __ __ [__] __ __ __ nombreuse?

LORI: Non, pas exactement, mais j'__ __ deux petites __ __ __ __ __ __ __ __.

MARC: Comment?

LORI: Mes __ __ __ __ [__] __ __ sont __ __ __ __ __ [__] __ __. Mon __ __ __ __ s'est remarié
(is remarried), et il habite à Los Angeles avec ma __ __ __ __ [__] - __ __ __ __ et mes

deux __ __ __ __ __ __.

MARC: Eh bien ... deux __ __ __ __ __ __? Quel âge ont-ils?

LORI: Voyons ... __ __ __ __ a vingt-deux ans et __ [__] __ __ __ __ a dix-huit ans. J'ai aussi

un __ __ __ __ - __ __ __ __ __; il s'appelle __ __ __ [__] et il a six ans.

MARC: Ta mère s'est remariée, aussi?

LORI: Non, elle habite seule près de chez moi.

MARC: Alors, tu n'__ __ pas de __ __ __ [__] __ __? C'est tout?

LORI: Non ... pas exactement ...

Partie C. Unscramble the bracketed letters above to discover one more member of Lori's family

J'ai __ __ __ __ __ __ __ aussi.

Ⓚ Nous sommes en 1789. How old are these famous people at the beginning of the French Revolution in 1789? Follow the model.

MODÈLE: George Washington (né en 1732)   _George Washington a cinquante-sept ans_   .

1. Napoléon Bonaparte (né en 1769)   _____

2. le marquis de Lafayette (né en 1757)   _____

3. Georges-Jacques Danton (né en 1759)   _____

4. Maximilien de Robespierre (né en 1758)   _____

5. Honoré-Gabriel de Mirabeau (né en 1749)   _____

6. Louis XVI (né en 1754)   _____

7. Marie-Antoinette (née en 1755)   _____

8. Thomas Jefferson (né en 1743)   _____

Track 1-25

Ⓛ Un faux numéro.

Partie A. Bernard is trying to reach his friend Georges and is having some trouble dialing. You will hear three conversations. Read each question before listening to the corresponding conversation.

1. What number is Bernard trying to reach?   __– __– __– __–__

2. What number did Bernard reach?   __– __– __– __–__

3. What is Georges's number at work?   __– __– __– __–__

Partie B. Listen to Georges's answering machine and the message Bernard has left for him. Circle the number that Bernard leaves.

05–56–37–82–21   05–56–99–74–66

Partie C. You are over at Georges's place when he gets home and listens to his messages. He accidentally deletes Bernard's message before he writes down his number. You can help by telling him the number you heard.

GEORGES: —Zut! Quel est son numéro?!

VOUS: —_____.

BUT 2D

Ⓜ L'album de photos d'Anne. Anne is showing Zélie pictures of her boyfriend Marc's family from her photo album. Zélie does not know Marc or his family. Fill in the missing words (**il y a** or **voilà**) in this description of Marc Dupin's family.

ANNE: (1) _____ la famille de Marc. (2) _____ deux grands-pères et deux grands-mères.

Regarde cette photo: (3) _____ les parents de son père, Monsieur et Madame Dupin. Ici *(Here)*

(4) _____ les parents de sa mère, Monsieur et Madame Delaborde. Dans la famille du père de

Marc, (5) _____ deux fils, Claude et François. Dans la famille de la mère de Marc,

(6) _____ un fils et une fille, Robert et Marianne.

BUT 2E

Ⓝ La famille de Marc Dupin (continued). Marc is pointing out the members of his family. Complete his descriptions, following the model.

MODÈLE: Olivia est la fille de mon frère. C'est *ma nièce* _____.

1. Robert est le frère de ma mère. C'est _____.

2. Hélène est la mère de ma mère. C'est _____.

3. Jean-Paul est le père de ma mère. C'est _____.

4. Philippe est le fils de mon père. C'est _____.

5. Maryse est la mère de ma nièce. C'est _____.

6. Thomas et Élisabeth sont les parents de mon père. Ce sont _____.

7. Céline est la femme de mon oncle. C'est _____.

8. Florence est la fille de mon père. C'est _____.

9. Christophe et Julien sont les fils de ma tante. Ce sont _____.

10. Zoé est la fille de mon frère. C'est _____.

BUT 3

L'inondation (The flood). The Fignons' house was flooded and their belongings have been placed outside to dry. Identify each of the items numbered, using **un, une,** or **des.**

1. _une télévision_

2. _____

3. _____

4. _____

5. _____

6. _____

7. _____

8. _____

9. _____

10. _____

BUT 3F

Contrastes. The Delille family likes modern conveniences, but the Pagnols live more simply. Answer the following questions based on information in the chart. Remember! The negation of **un, une, des** is **pas de**!

Les Delille	Les Pagnol
une maison	un appartement
un garage	—
2 grosses voitures	une petite voiture
2 télévisions	une télévision
un grand réfrigérateur	un petit réfrigérateur
un lave-vaisselle	—
Luc Delille (le fils)	**Pierre Pagnol (le fils)**
un ordinateur	—
une moto	un scooter
Sophie Delille (la fille)	**Estelle Pagnol (la fille)**
une stéréo	une radio
des cousines qui habitent à Saint-Tropez	une cousine qui habite à Rouen

MODÈLE: Est-ce que les Pagnol ont une grosse voiture?

— _Non, ils n'ont pas de grosse voiture. Ils ont une petite voiture._ .

1. Est-ce que Sophie Delille a une cousine qui habite à Rouen?

_____

2. Est-ce que Pierre Pagnol a une moto?

_____

3. Est-ce que les Delille ont des télévisions?

_____

4. Est-ce que les Pagnol ont une maison?

_____

5. Est-ce que les Pagnol ont un réfrigérateur?

_____

BUT 3G

◉ **C'est à qui?** Write a sentence stating the owner of each item. Follow the model.

MODÈLE: chien / Jean-Luc

— _C'est le chien de Jean-Luc._ .

1. maison / Thérèse

_____

2. voitures / Monsieur et Madame Morel

_____

3. calculatrices / les étudiants

_____

4. télévision / le frère de Jean-Luc

_____

5. vélo / Laure

_____

6. amis / Patrick

_____

7. ordinateur / ma camarade de chambre

_____

8. scooter / l'oncle de Didier

_____

9. cousins / Madame Richard

_____

10. bureau / le professeur

_____

BUT 3H

Ⓡ Louise n'est pas d'accord _(Louise does not agree)_. Mireille identifies the owner of each item but Louise disagrees. Write a two-sentence exchange between Mireille and Louise using possessive adjectives. Follow the example.

MODÈLE: radio / Liliane / mère

      MIREILLE: _C'est la radio de Liliane._ _____

        LOUISE: _Non, c'est la radio de sa mère._ _____

1. calculatrice / Raphaëlle / sœur

      MIREILLE: _____

        LOUISE: _____

2. ordinateur / Fabien et Jacques / père

      MIREILLE: _____

        LOUISE: _____

3. stéréo / Marinette et Delphine / tante

      MIREILLE: _____

        LOUISE: _____

4. voiture / père de Nathalie / grands-parents

      MIREILLE: _____

        LOUISE: _____

5. photo / sœurs de Madeleine / cousines Isabelle et Julie

      MIREILLE: _____

        LOUISE: _____

⑤ Quel désordre!

Partie A. Tante Sylvie and **oncle** Alain receive a letter with pictures from their niece Marie-Claire, who is away at the university of Montreal. Look carefully at the pictures of Marie-Claire's apartment. List three possessions that you recognize.

1. _____

2. _____

3. _____

🔊 **Partie B.** Before listening to Marie-Claire's letter, look over the following list of possessions. Then, listen to
Track 1-26 **tante** Sylvie read the letter to **oncle** Alain. In the spaces to the *left* of the list, check off each item that you hear mentioned.

_____	un appartement	_____
_____	un sofa	_____
_____	deux chiens	_____
_____	un chat	_____
_____	un lit	_____
_____	un ordinateur	_____
_____	une radio	_____
_____	une télé	_____
_____	un bureau	_____
_____	une calculatrice	_____
_____	une stéréo	_____

🔊 **Partie C.** Now listen to Marie-Claire's letter again. In the space to the *right* of each possession that you hear mentioned in Marie-Claire's letter, write the initials of the roommate(s) who own(s) it (M-C for Marie-Claire, T for Thérèse, S for Stéphanie).

Intégration

T **Au parc.** Mme Dupont spots Valérie, whom she knows, and inquires about the two-year-old girl who is with her.

Partie A. Avant d'écouter. Before listening, try to give at least one French expression for each of the following.

1. What would Mme Dupont ask to find out how Valérie and the child are related?

_____

2. Who might the child be?

_____

3. What might Valérie say to identify the child?

_____

Track 1-27 **Partie B. À l'écoute.** First, listen to the conversation once or twice. Keep in mind who the characters are, where they are, and what they are doing, to predict what they will say and understand them better. Then, answer the questions that follow.

1. Qui est avec Valérie? _____

2. Comment s'appelle-t-elle? _____

3. Quel âge a-t-elle? _____

4. Est-ce qu'elle a des frères et des sœurs? _____

5. Comment s'appelle la fille de Madame Dupont? _____

Track 1-28 **U** **À vous.** Close your text before doing this activity. Respond orally and in writing. You will hear each question twice. After the question is repeated, you will have time to respond.

1. _____

2. _____

3. _____

4. _____

5. _____

_____

6. _____

_____

7. _____

_____

8. _____

_____

9. _____

_____

RÉDACTION

V **Chez moi.** Bruno, your pen pal from Geneva, is interested in your daily life. Where do you live? Do you live near or in a major city? Do you live with your parents? Do you have a dog? a computer? a bicycle? etc. Follow the steps outlined below to complete this activity.

• List the items that can be found in your room.

_____   _____

_____   _____

_____   _____

_____   _____

• List a few things you do not have, but wish you had.

_____   _____

_____   _____

• Answer the following questions.

a. Où habitez-vous?

_____

b. Habitez-vous dans une maison ou dans un appartement?

_____

c. Habitez-vous avec vos parents?

_____

• Compose a three-paragraph email message incorporating the information above. If you need more room, attach extra sheets of paper.

Cher Bruno, _____

Bonjour. Comment vas-tu? Moi, je ... _____

Chez moi, il y a ... _____

_____

_____

_____

Mais ... _____

_____

_____

_____

_____

_____

_____

_____

_____

_____

_____

CHAPITRE 4

L'identité

CONVERSATION

A **Qu'est-ce que vous portez?** Identify each item of clothing to complete the sentence **Je porte …** Use **un,** **une,** or **des** in your answer.

Je porte …

MODÈLE: _une veste._

MODÈLE: _des chaussures._

1.

2.

3.

4.

5.

6.

7.

8.

1. _____
2. _____
3. _____
4. _____
5. _____
6. _____
7. _____
8. _____

PRONONCIATION

Track 2-1

B **Nasal ou non?** Read the pronunciation section for Chapter 4 of *Entre amis*. Listen to the words and decide whether or not they contain a nasal sound.

	Nasal	Pas nasal
1.		
2.		
3.		
4.		
5.		
6.		
7.		
8.		
9.		
10.		

Track 2-2

C **[ɛ̃], [ã] et [ɔ̃].** Now listen to the following words and place an X in the appropriate section according to the nasal sound you hear.

	[ɛ̃]	[ã]	[ɔ̃]
1.			
2.			
3.			
4.			
5.			
6.			
7.			
8.			
9.			
10.			

Buts communicatifs

BUT 1A

D **Les amies de Kelly.** Kelly is showing photos of some of her friends to a French exchange student in Michigan. Complete their conversation with adjectives from the list below. Be sure to make the adjectives agree with the nouns.

ennuyeux	généreux	discret	bavard	actif
bon	sportif	intelligent	gentil	travailleur

KELLY: Voici mes amies, Christa et Nicole. J'aime beaucoup mes amies parce qu'elles sont

_____ et charmantes. Nicole est _____ et

_____ :

elle aime beaucoup parler au téléphone, et elle fait beaucoup de choses. Christa est très

_____ : elle nage tous les jours. Elle ne parle pas beaucoup; elle est très

_____ . Elle aime donner; elle est _____ .

BENOÎT: Et sur cette photo, qui est-ce?

KELLY: Ce sont Brian et Andrew. Ils sont très _____ en français!

Brian est _____ : il étudie beaucoup. Andrew est

_____ : il a des notes excellentes.

BUT 1B

E C'est Véronique. Véronique is quite different from everybody else. Describe how other people compare to her by replacing the italicized expression with a *contrasting* word or expression. Make all necessary changes.

MODÈLE: Véronique est toujours bavarde. Et son amie Jacqueline?

Jacqueline n'est jamais bavarde. _____

1. Véronique est *souvent* impatiente. Et son amie Valérie?

_____

2. Véronique *n'est jamais* méchante. Et son petit frère?

_____

3. Véronique est *rarement* généreuse. Et son petit ami?

_____

4. Véronique porte *toujours* un jean. Et ses deux sœurs?

_____

Now tell whether you are like Véronique or different.

5. Véronique regarde *souvent* la télévision. Et vous?

_____

6. Véronique écoute *quelquefois* la radio. Et vous?

_____

7. Véronique est *généralement* paresseuse. Et vous?

_____

8. *D'habitude,* Véronique est nerveuse le jour d'un examen. Et vous?

_____

BUT 2C

F Exprimez-vous! Using the lists below, write five sentences that apply to you, your teacher, and/or your family and friends. Make sure you conjugate the verb and make all the necessary changes. You may also wish to add adverbs of frequency.

je	(ne ... pas)	avoir	un	pantalon	chic
mon père		porter	une	veste	blanc
mes parents		aimer	des	chemise	gris
ma mère			le/la	cravate	vert
mon professeur de français			les	costume	bleu
mon frère			de	jupe	beige
mon ami(e)				chapeau	élégant
mes ami(e)s				chaussures	confortable
mes ami(e)s et moi				robe	bizarre
					noir

MODÈLES: *Mon professeur de français porte toujours des robes élégantes.*

Mes amis et moi, nous n'aimons pas les chapeaux bizarres.

1. _____

2. _____

3. _____

4. _____

5. _____

G Au marché aux puces (At the flea market). Some friends are shopping for clothes at a flea market. What have they found so far? Draw lines to match each item of clothing with the correct form of the indefinite article **un, une, des** and the color mentioned in the conversation. Rewrite the color so that it agrees in gender and number with the item it describes. Attention! There are more items listed than mentioned.

Track 2-3

	ceinture	bleu	_____
	chapeau	gris	_____
	chaussettes	jaune	_____
un	chaussures	marron	_____
une	chemise	noir	_____
des	cravate	orange	_____
	foulard	rose	_____
	lunettes	rouge	_____
	pantalon	vert	_____
	tennis	violet	*violette* _____

48   Entre amis Student Activities Manual

BUT 2D

H **Du shopping en ligne.** Julie is trying to decide what to buy for her family. Complete her sentences by adding appropriate demonstrative adjectives (**ce, cet, cette,** or **ces**).

Mon père aime ___*cette*___ cravate bon marché, mais pas ___*ce*___ foulard chic.

1. Ma mère aime _____ gants simples, mais pas du tout _____ lunettes noires.

2. Mon grand-père adore _____ veste bizarre, mais pas _____ sweat-shirt confortable.

3. Fabienne et Lucie aiment bien _____ ceinture, mais pas _____ bottes ordinaires.

4. Mes cousins aiment _____ imperméable, mais pas _____ pantalon.

5. Mes neveux aiment _____ baskets chères, mais pas _____ chaussures simples.

6. Ma nièce aime bien _____ tee-shirt, mais pas _____ short.

7. Aïcha et Gaëlle adorent _____ chemisiers élégants, mais pas _____ blousons.

8. Moi, j'aime tous _____ vêtements.

BUT 3

I **Tel (Like) père, tel fils: une exception.** Read Lori Becker's email home describing an unusual family she has met. Then answer the questions.

Bonjour!

Je trouve la famille Renaud assez intéressante. Monsieur Renaud est médecin. Il est grand, assez gros et un peu chauve. Madame Renaud est professeur d'anglais. Elle est petite, blonde, et elle a les yeux bleus. C'est un couple élégant. Madame Renaud porte d'habitude des robes chic. Monsieur Renaud porte toujours des complets gris ou noirs avec des foulards élégants. Les enfants ne sont pas du tout comme leurs parents. Ils s'habillent à l'américaine: ils portent des jeans, des tee-shirts ou des sweat-shirts, et toujours des tennis. En plus, ils n'ont pas les cheveux blonds et les yeux bleus de leur mère. Amandine, qui a 13 ans, a les cheveux roux et les yeux verts. Les jumeaux *(twins),* Arnaud et Quentin, 11 ans, ont les yeux bruns et les cheveux noirs. Les trois jeunes Renaud sont très sportifs. Ils aiment nager, skier et jouer au tennis. Les garçons sont un peu paresseux aussi. Ils aiment regarder la télévision, mais n'aiment pas faire leurs devoirs.

Bisous,

Lori

Questions:

1. Comment s'appellent les enfants des Renaud?

_____

2. Quel âge ont-ils?

_____

3. Quels vêtements est-ce que les enfants portent d'habitude?

_____

4. De quelle couleur sont les cheveux de Madame Renaud?

_____

5. Et de quelle couleur sont ses yeux?

_____

6. Amandine a-t-elle les cheveux blonds comme sa mère?

_____

7. De quelles couleurs sont les cheveux et les yeux des deux fils?

_____

8. Le père a-t-il beaucoup de cheveux?

_____

BUT 3E

Ⓙ Les vêtements. Combine the following words into complete sentences. Make all necessary changes. Be careful where you place the adjectives.

MODÈLES: elles / porter / jupes / rouge
— _Elles portent des jupes rouges._   .

je / ne ... pas / avoir / chaussures / nouveau
— _Je n'ai pas de nouvelles chaussures._   .

1. vous / ne ... pas / avoir / chemisiers / bleu

_____

2. elle / avoir / imperméable / gris

_____

3. ils / ne ... pas / avoir / pull-overs / beau

_____

4. les professeurs / ne ... jamais / porter / shorts / bizarre

_____

5. il / avoir / ceinture / grand

_____

6. tu / avoir / tennis / nouveau

_____

7. je / ne ... pas / avoir / chaussettes / rose

_____

8. nous / avoir / robes / joli / rouge

_____

9. mes amis / ne ... pas / porter / vêtements / chic

_____

10. ma cousine / détester / les personnes qui / porter / vêtements / sale

_____

BUT 4F

K **Le week-end chez les Comeau.** Everyone in the Comeau family is scheduled for chores on the weekend. Read the assignment sheet, then write five complete sentences describing what each person does and when, and then answer questions 6–8.

	le ménage à 7 h	la cuisine à 8 h	la vaisselle à 8 h 30	les courses à 10 h	la cuisine à midi	la vaisselle à 2 h
Mme Comeau	X				X	
Bastien et Judith				X		X
M. Comeau		X				
Judith			X			

MODÈLES: _Mme Comeau fait le ménage à 7 heures du matin._ _____.

1. _____

2. _____

3. _____

4. _____

5. _____

6. Et vous? Faites-vous quelquefois le ménage?

_____

7. Est-ce que vous faites la sieste? Quand?

_____

8. D'habitude, que faites-vous le soir?

_____

🔊 **Ⓛ Qu'est-ce qu'on Partie A.** You will hear the sounds of some ordinary, everyday activities. Look over the list
Track 2-4　of activities on the right. Only five of them will correctly match the sounds you hear. Write the appropriate letters
next to the corresponding numbers.

1. _____

2. _____

3. _____

4. _____

5. _____

    a. On fait des courses.

    b. On fait la sieste.

    c. On fait la cuisine.

    d. On fait les devoirs.

    e. On fait la vaisselle.

    f. On fait le ménage.

    g. On fait une promenade.

🔊 **Partie B.** You will hear the same sounds in the same order. After you hear the sound, answer the question and
say what you are doing. Then listen to check your answers.

1. Qu'est-ce que vous faites?

_____

2. Qu'est-ce que vous faites?

_____

3. Qu'est-ce que vous faites?

_____

4. Qu'est-ce que vous faites?

_____

5. Qu'est-ce que vous faites?

_____

BUT 5

Ⓜ Paulette cherche du travail. Partie A. Paulette is looking for a job in the classified ads. What kinds of
things do you consider when looking for a job? Check all that apply.

_____ salary

_____ pre-requisite knowledge and skills

_____ work schedule

_____ work environment

_____ opportunity for advancement

_____ job security

_____ health benefits

_____ retirement benefits

_____ travel required

_____ company's reputation

Partie B. Étude de vocabulaire

Many of the words in the conversation you will hear are cognates. Read the list below and write what you think
each word means. Which of the above job characteristics would you associate with each one?

annonce _____

demande _____

diplômée _____

emploi _____

salaires _____

bureau _____

travail manuel _____

emploi du temps _____

stabilité _____

Partie C. Now listen to the conversation Paulette has with her friend and answer the questions below. Listen to Track 2-5 the conversation more than once if you wish.

1. List at least three professions you hear listed in the conversation.

_____

2. Are each of the statements below **a) vrai** ou **b) faux?**

_____ 1. Paulette désire changer de travail.

_____ 2. Paulette désire être programmeur.

_____ 3. Paulette aime le travail de journaliste.

_____ 4. L'amie de Paulette aime la variété.

_____ 5. Le salaire d'un pharmacien est bon.

BUT 5G

N Vous êtes journaliste. You are interviewing François Duval, a Canadian exchange student for the school paper. Write a question for each of his answers. Your questions should begin with **qui, que, qu'est-ce que,** or **quel(le)s.**

VOUS: *Quel est votre nom?* _____

FRANÇOIS: François Duval.

VOUS: _____

FRANÇOIS: Je suis français.

VOUS: _____

FRANÇOIS: Je suis étudiant.

VOUS: _____

FRANÇOIS: J'étudie les maths.

VOUS: _____

FRANÇOIS: Moi? Je voudrais être homme d'affaires ou banquier.

VOUS: _____

FRANÇOIS: Mon père est comptable et ma mère travaille chez un médecin. Elle est infirmière.

VOUS: _____

FRANÇOIS: D'habitude, c'est ma mère qui fait le ménage.

Intégration

Track 2-6 ◉ **Comment sont-ils?** You will hear descriptions of several people. As you listen to each description, circle the word in each pair that most accurately describes the person or persons.

1. ennuyeux   paresseux

2. naïves   pas gentilles

3. généreuse   travailleuse

4. bavards   sportifs

Track 2-7 Ⓟ **Madame Amour. Partie A.** This morning you've tuned in to Madame Amour's radio talk show where she profiles people looking for love. Read the questions below to see what kind of information to listen for. Then play the recording and take notes as you listen. Answer the questions, and then play the recording again to check your answers. Remember, it is not necessary to understand every word in order to get the gist of the text.

Numéro 1

1. Comment est le jeune homme?

   a. grand, beau et mince

   b. blond aux yeux bleus

   c. grand et très sportif

2. Qu'est-ce que le jeune homme aime?

   a. faire la cuisine japonaise

   b. manger de la cuisine japonaise

   c. aller au restaurant japonais

3. Quand (*When*) le jeune homme travaille-t-il?

   a. le week-end

   b. jamais

   c. le soir

Numéro 2

4. Quel âge la jeune femme a-t-elle?

   a. 23 ans

   b. 19 ans

   c. 38 ans

5. Qu'est-ce qu'elle n'aime pas?

   a. aller au restaurant

   b. aller au cinéma

   c. regarder la télé

6. Comment est la jeune femme?

    a. grande et brune

    b. petite et blonde

    c. grande et jolie

Numéro 3

7. Comment est le monsieur?

    a. assez vieux et un peu gros

    b. jeune et sérieux

    c. grand et mince

8. D'où vient le monsieur?

    a. de France

    b. de Belgique

    c. d'Espagne

9. Qu'est-ce que le monsieur n'aime pas?

    a. les enfants

    b. jouer

    c. aller au restaurant

Numéro 4

10. Comment est mademoiselle?

    a. grande, mince et sportive

    b. romantique et généreuse

    c. riche et élégante

11. Qu'est-ce qu'elle aime?

    a. faire la vaisselle

    b. nager

    c. les hommes avares

12. Qu'est-ce que mademoiselle cherche?

    a. un homme riche

    b. un homme généreux

    c. un homme élégant

Partie B. Listen to the recording again, noting the general character of each person. Then answer the questions that follow.

1. Avec quelle personne désirez-vous passer du temps? Pourquoi?

_____

_____

2. Qui est le (la) partenaire idéal(e) pour un(e) de vos profs? Pourquoi?

_____

_____

Track 2-8

Q À vous. Respond orally and in writing to the following questions. You will hear each question twice. After the question is repeated, you will have time to respond.

1. _____

2. _____

3. _____

4. _____

5. _____

6. _____

7. _____

8. _____

9. _____

R Les stéréotypes. What are the people described below most likely to wear?

MODÈLE: Anne-Marie / 19 ans / étudiante / gentille / active
— *Elle porte un sweat-shirt, un jean et des baskets.* _____ .

1. Madame Dupont / 40 ans / secrétaire / travailleuse / discrète

_____

2. Éric / 25 ans / employé de banque / élégant / gentil

_____

3. Viviane de Bois Laurey / 35 ans / avocate / chic

_____

4. Monsieur Lemaire / 45 ans / cadre / veuf / travailleur / ambitieux

_____

RÉDACTION

S **Les présentations (Introductions).** Bruno, your Swiss e-pal, would like to know more about your family. Write him an e-mail in which you describe your family members, what they look like, and what they usually wear. Follow the outline provided.

• List some members of your family (four maximum). What are their names? How old are they?

1. _____ 3. _____
2. _____ 4. _____

• List two to three descriptive adjectives that apply to each one. (Be sure to include physical as well as psychological attributes.)

1. _____ 2. _____ 3. _____ 4. _____

_____ _____ _____ _____

_____ _____ _____ _____

• List what your family members typically wear on a daily basis.

1. _____ 2. _____ 3. _____ 4. _____

_____ _____ _____ _____

_____ _____ _____ _____

• Answer the following questions about yourself.

a. Comment êtes-vous physiquement? De quelle couleur sont vos yeux? vos cheveux? Êtes-vous grand(e)? petit(e)? etc.

YEUX: _____

CHEVEUX: _____

DESCRIPTION PHYSIQUE: _____

b. Comment êtes-vous psychologiquement?

_____

_____

_____

c. Qu'est-ce que vous portez d'habitude?

_____

_____

_____

- Now, compose an e-mail incorporating the information above. First, introduce your family members (names, ages, etc.). Then, use the information above to write a description (physical, psychological, usual clothing preferences) of each one. Finally, write a paragraph about yourself. Be sure to begin and end your e-mail appropriately.

_____

_____

_____

_____

_____

_____

_____

_____

_____

_____

_____

_____

_____

_____

_____

_____

_____

CHAPITRE 5

La vie universitaire

CONVERSATION

A **Un projet de cinéma.** Choisissez la bonne réponse.

1. Quoi de neuf?

   _____ a. Cela m'est égal.

   _____ b. Pas grand-chose.

2. Qu'est-ce que tu fais ce soir?

   _____ a. Je vais passer deux heures à la bibliothèque.

   _____ b. D'accord.

3. Tu as envie d'aller au cinéma?

   _____ a. Ça va bien.

   _____ b. Quand ça?

4. Demain soir?

   _____ a. Je suis libre.

   _____ b. Pas grand-chose.

5. Est-ce qu'il y a un bon film au Mirador?

   _____ a. Tu vas voir quel film?

   _____ b. Il y a deux bons films, un film espagnol et un film américain.

6. Alors, quel film allons-nous voir?

_____ a. Cela m'est égal.

_____ b. C'est parfait.

7. Moi, j'ai envie de voir le film américain.

_____ a. Moi aussi.

_____ b. Sans doute.

8. À quelle heure?

_____ a. Je ne suis pas libre.

_____ b. À neuf heures et demie.

9. Rendez-vous devant le cinéma.

_____ a. D'accord.

_____ b. Merci. Au revoir.

PRONONCIATION

B **Liaisons.** Read the pronunciation section for Chapter 5 of *Entre amis* and listen to the following short sentences. Then: (a) mark all the liaisons you hear by placing a ‿ under the words that need to be connected; and (b) repeat after the audio, trying to reproduce all the liaisons you hear. After you repeat each sentence, you will hear it again.

Track 2-9

You hear: /z/   /z/
              Nous‿allons‿á la plage.

You write: Nous‿allons‿á la plage.

              /z/   /z/
You say: **Nous‿allons‿á la plage.**

1. Vous avez faim, les enfants?

2. Est-elle arrivée en avance?

3. Ils ont rendez-vous à deux heures.

4. Je vais au cinéma avec mon ami Étienne.

5. En Amérique, la voiture est très importante.

Buts communicatifs

BUT 1A

C **Chassez l'intrus.** Les listes suivantes représentent des catégories d'endroits. Mais dans chaque liste il y a un endroit qui n'appartient pas *(does not belong)* à la catégorie. Rayez *(Cross out)* cet endroit.

1. la boulangerie / l'épicerie / la cafétéria / l'église

2. la salle de classe / la gare / le gymnase / la bibliothèque

3. les toilettes / le bureau de poste / la librairie / le bureau de tabac

4. le restaurant / le bistro / la piscine / la cafétéria

5. le couloir / le centre commercial / la banque / la pharmacie

BUTS 1A AND 1B

D **Qu'est-ce que tu vas faire?** Complétez les phrases avec la préposition **à** + l'article défini (**à la, à l', au** ou **aux**).

1. CORINNE: Tout à l'heure, je vais aller (1) _____ piscine, puis (2) _____ bibliothèque pour faire mes devoirs. Ce soir, je vais dîner avec des amis (3) _____ *Petite Auberge*. Après le dîner, on va aller (4) _____ cinéma Rex voir un film. Et toi, Gilles?

2. GILLES: Moi? Dans une heure, je vais faire des courses: je vais aller (5) _____ banque, (6) _____ pharmacie, (7) _____ bureau de poste et (8) _____ centre commercial pour acheter des vêtements. Ce soir? Je vais aller (9) _____ café *Les Grands Ducs* avec des amis. Mimi, Didier, qu'est-ce que vous allez faire?

3. MIMI ET DIDIER: À midi, nous allons manger ensemble (10) _____ restaurant universitaire. Et cet après-midi, nous allons passer quelques heures (11) _____ bibliothèque. Ce soir, nous avons rendez-vous avec Marc et François pour aller danser la salsa (12) _____ *Club Rio (masculin)*.

4. Et vous? Qu'est-ce que vous allez faire samedi prochain?

_____

_____

E **Des destinations.** Indiquez où chaque personne va.

MODÈLE: nous / bibliothèque — *Nous allons à la bibliothèque.* _____

1. Monsieur Barbezot / banque _____

2. Laure / aéroport _____

3. mes petits cousins / école _____

4. tu / pharmacie _____

5. je / musée _____

6. vous / gare _____

7. ma mère / centre commercial _____

8. les étudiants / restaurant universitaire _____

9. mon frère / campus _____

10. nous / toilettes _____

F **On y va?** (*Shall we go?*) Écoutez chaque conversation et indiquez l'endroit où on va.

Track 2-10

1. au cinéma   au théâtre   4. à la maison   dans un hôtel

2. au gymnase   à la piscine   5. à la gare   à l'aéroport

3. à la librairie   à la bibliothèque

BUT 2C

G **Quelle heure est-il?** Répondez à la question **Quelle heure est-il?** Écrivez vos réponses en toutes lettres.

MODÈLE: — *Il est quatre heures moins le quart. (Il est quinze heures quarante-cinq.)*

1. _____   2. _____

3. _____   4. _____

5. _____   6. _____

H **Une soirée à Montréal.** Lisez ces annonces de spectacles et écrivez des phrases pour dire où ces personnes vont aller ce soir et à quelle heure. Utilisez l'heure officielle.

Le Club Fusion
23, Avenue Laurier
368 - 2020
jazz music
De 22h30 à 6h

LE NÉON
121, Bvd St-Laurent
21h 15
DJ: Max Mad
Vendredi, Samedi
TOUTE LA NUIT
765-4321

CHANSONS POÉSIES HUMOUR
20h
BISTRO PARADIS
45, rue Mont-Royal
864 - 4545

St. Laurent
58, av. du Parc
720-5847
Avatar
19h 21h30

LE THÉÂTRE DU MONT-ROYAL
HUIS CLOS
«un succès!»
— LE MATIN
19h — Salle 1
747-1020

Apollo
15, rue Sherbrooke
622-1822
WOODY ALLEN
VICKY CRISTINA BARCELONA
17h 19h 21h 23h

LE CLUB BABA COOL
musique funky
22h 30
reggae
rock
afro-antillais
102, rue Ste-Catherine
544-8008

MODÈLE: Madame Bonot aime beaucoup les films de Woody Allen.
Ce soir, elle va voir «Vicky Cristina Barcelona» au cinéma Apollo à 19 heures.

1. Patrick Sertin aime les films de science-fiction.
Ce soir, il va voir Avatar au cinéma St. Laurent à 19 heures

2. Anne-Marie et Jean Richard adorent le reggae et la musique afro-antillaise.
Ils vont aller au Club Baba cool à 22 heures et demie

3. Gabrielle Herriot aime beaucoup les chansons populaires, l'humour et la poésie.
Elle va aller au Bistro Paradis à 20 heures

4. Germaine LePage aime le théâtre.
Elle va voir Huis Clos au théâtre du Mont Royal à 19 heures

5. Benoît Vuitton adore le jazz.
Il va aller au Club Fusion à 22 heures et demie

6. Martine et Nathalie aiment danser.
Elles vont danser au Néon à 21 heures et quart

7. Et vous? Où est-ce que vous allez samedi soir?
_____

I Votre vol (*flight*) arrive: Partie A. Vous êtes à l'aéroport Charles de Gaulle à Paris. Écoutez les heures et les numéros de vol (*flight*) et complétez le tableau des arrivées.

Track 2-11

heures	arrivées	numéros de vol
19 h 37	Londres	vol
	Dakar	vol 52
20 h 20	Bruxelles	vol
	Montréal	vol 27
	Rome	vol

Partie B. Maintenant, indiquez si chaque phrase que vous entendez (*hear*) est **vraie (V)** ou **fausse (F)** d'après le tableau.

1. _____

2. _____

3. _____

4. _____

5. _____

BUT 3D

J Votre emploi du temps. Répondez aux questions suivantes sur votre emploi du temps de la semaine.

1. Quels cours suivez-vous ce semestre? (Regardez la liste dans *Entre amis,* page 142).

   _____

2. Quels jours de la semaine allez-vous au cours de français? De quelle heure à quelle heure?

   _____

   _____

3. Quels jours n'allez-vous pas en cours?

   _____

4. Avez-vous l'habitude d'aller à la bibliothèque? Pourquoi? Pourquoi pas?

   _____

   _____

5. Combien d'heures par semaine étudiez-vous?

_____

_____

6. Avec qui avez-vous l'intention de sortir ce soir? Où allez-vous? Si vous ne sortez pas, pourquoi pas?

_____

_____

7. Avez-vous souvent envie de regarder la télé? À quelle heure regardez-vous la télé?

_____

_____

8. Écoutez-vous souvent la radio? Si oui, quand? Si non, pourquoi pas?

_____

_____

BUT 3E

K **Ce qu'on doit faire chez les Martin.** Madame Martin explique que sa famille doit faire beaucoup de choses cette semaine. Utilisez le verbe **devoir** pour faire des phrases d'après l'exemple.

lundi	faire la cuisine / David et Sylvie	*Lundi, David et Sylvie doivent faire la cuisine.*
mardi	faire la lessive / Sylvie et Céline	
mercredi	faire la cuisine / moi	
jeudi	faire la vaisselle / les enfants	
vendredi	aller au gymnase / mon mari	
samedi	faire le ménage / Lori	
dimanche	déjeuner en famille / nous	

🔊 **L Fais ce que tu dois.** Indiquez si chaque phrase exprime une obligation, une probabilité ou une dette.

Track 2-12

	obligation	probabilité	dette
1.			
2.			
3.			
4.			
5.			
6.			

BUT 4F

M Le centre-ville. Regardez le plan de cette ville imaginaire et indiquez où se trouvent les endroits suivants en utilisant les prépositions de lieu de la liste. Utilisez chaque préposition une fois.

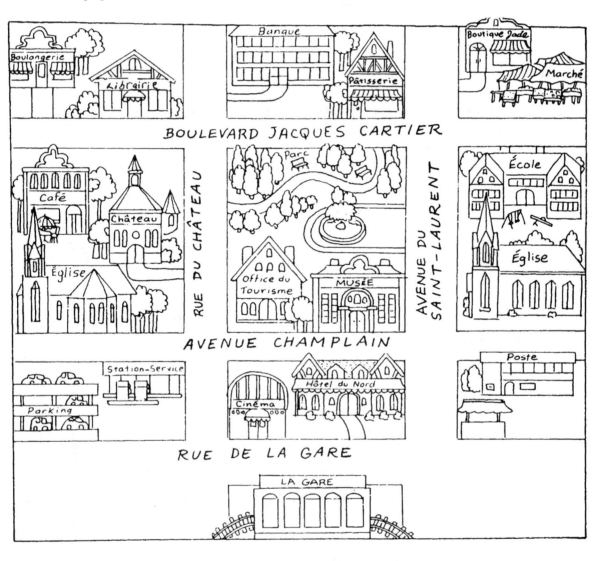

à côté de	à gauche de	devant	près de
à droite de	derrière	loin de	

MODÈLE: la banque *Elle est loin de la gare.*

1. la boulangerie _____

2. le café _____

3. le cinéma _____

4. la librairie _____

5. l'école _____

6. la boutique *Jade* _____

7. la pâtisserie _____

Track 2-13

N **Connaissez-vous la ville?** Étudiez le plan et décidez si chaque phrase que vous entendez (*hear*) est **vraie (V)** ou **fausse (F)**.

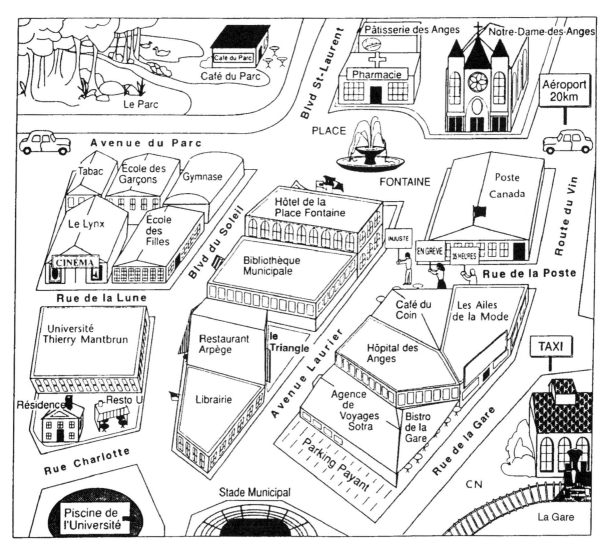

1. _____   3. _____   5. _____
2. _____   4. _____   6. _____

BUT 4G

◉ Le diable et votre conscience. Pour chaque expression, utilisez l'impératif pour indiquer: (1) ce que votre conscience propose; (2) ce que le diable propose. Répondez logiquement!

	votre conscience	*le diable*
MODÈLE: parler français en cours	*Parle français en cours!*	*Ne parle pas français en cours!*
1. arriver en cours avant le professeur		
2. faire attention en classe		
3. écouter quand le professeur parle		
4. aller à la bibliothèque		
5. porter des vêtements propres		
6. téléphoner à tes parents		
7. étudier beaucoup		

BUT 4H

Ⓟ Testez votre connaissance du monde *(Test your global awareness)*. Complétez les phrases en ajoutant *(by adding)* une préposition et le pays et la langue (ou les langues) de ces personnes.

MODÈLE: Nicolas Sarkozy habite à Paris, _en France_____, où on parle _français_____.

1. Juan Carlos de Bourbon habite à Madrid, _____, où on parle _____.

2. Mohamed VI habite à Rabat, _____, où on parle _____ et

_____.

3. Dimitri Medvedev habite à Moscou, _____, où on parle _____.

4. Albert II habite à Bruxelles, _____, où on parle _____ et

_____.

5. Kirston Gillibrand habite à New York, _____, où on parle _____.

6. Felipe Calderon habite à Mexico, _____, où on parle _____.

7. Karl XVI Gustaf habite à Stockholm, _____, où on parle _____.

8. L'empereur Akihito habite à Tokyo, _____, où on parle _____.

9. Élisabeth II habite à Londres, _____, où on parle _____.

Q **Testez vos connaissances (knowledge) en géographie!** Toutes les personnes suivantes habitent dans la capitale de leur pays. Indiquez la ville et le pays où elles habitent. Suivez le modèle.

Les capitales de quelques pays

Capitales	Pays
Alger	Algérie
Berlin	Allemagne
Berne	Suisse
Bruxelles	Belgique
Dakar	Sénégal
Londres	Angleterre
Madrid	Espagne
Mexico	Mexique
Paris	France
Pékin	Chine
Rabat	Maroc
Rome	Italie
Stockholm	Suède
Tokyo	Japon

MODÈLE: María et Pedro sont espagnols. *Ils habitent à Madrid, en Espagne.* _____

1. Gina est italienne. _____

2. Heidi et Hans-Peter sont suisses. _____

3. Ali est algérien. _____

4. Marcel et Anna sont belges. _____

5. Notre professeur est français. _____

6. Ces étudiants sont chinois. _____

7. Mon camarade de chambre est japonais. _____

8. Mary est anglaise. _____

BUT 4I

R **Sur le campus.** Écrivez les questions qui correspondent aux expressions soulignées. Utilisez les mots interrogatifs *où*, *quand*, *pourquoi* et *que*.

MODÈLE: J'habite au 23, rue du Saint-Laurent.
_Où habites-tu?_____.

1. Je vais au campus.

_____

2. Ce soir, je vais à la bibliothèque pour étudier.

_____

3. La bibliothèque est près de la résidence universitaire, en face du resto U.

_____

4. J'ai un test vendredi après-midi.

_____

5. Ma camarade de chambre travaille maintenant.

_____

6. Le week-end prochain, nous allons faire un voyage.

_____

7. En France, on achète du pain à la boulangerie.

_____

Intégration

S **Un voyage.** Écoutez Louis qui parle à une amie d'un voyage qu'il va faire. Ensuite, répondez aux questions.
Track 2-14

1. Dans quel pays va Louis?_____

2. Quand va-t-il voyager? _____

3. Pourquoi va-t-il voyager? _____

4. Dans quelle ville va Louis? _____

5. Où se trouve *(is located)* cette ville? _____

T **Es-tu libre…? Partie A.** Répondez aux questions suivantes sur vos expériences à l'université. (*Stop the audio after each question to write your answers.*)
Track 2-15

1. _____

2. _____

3. _____

Partie B. Trois amis veulent étudier ensemble *(are trying to study together)* pour un examen. Écoutez la conversation et mettez un X dans le tableau suivant quand ils ne sont PAS libres *(free)*.

	Philippe	Claudine
jeudi matin		
jeudi après-midi		
jeudi soir		

Partie C. Écoutez encore une fois la conversation. Ensuite, écoutez les trois questions. Répondez aux questions pendant les pauses. *(You can refer to the chart in **Partie B** to help. Then check yourself against the speaker who will state the correct answers.)*

U **À vous.** Fermez vos livres. Répondez aux questions à l'oral et à l'écrit! Vous allez entendre les questions deux fois. Répondez après la deuxième répétition.

Track 2-16

1. _____

2. _____

3. _____

4. _____

5. _____

6. _____

7. _____

8. _____

RÉDACTION

V **L'emploi du temps.** Votre amie Caroline, de Montréal, vous parle de son nouvel emploi du temps. Écrivez un e-mail pour répondre à Caroline et parlez de votre emploi du temps.

• Faites votre emploi du temps:

	lundi	mardi	mercredi	jeudi	vendredi	samedi	dimanche
8–9							
9–10							
10–11							
11–12							
12–13							
13–14							
14–15							
15–16							
16–17							
17–18							
Le soir							

- Répondez aux questions suivantes.

  a. Où dînez-vous généralement? À quelle heure dînez-vous?

  _____

  b. Quand étudiez-vous? Où?

  _____

- Maintenant, écrivez votre e-mail. Indiquez où vous allez et expliquez pourquoi vous allez à ces endroits.

  _____

  _____

  _____

  _____

  _____

  _____

  _____

  _____

  _____

CHAPITRE 6

Vos activités

UN E-MAIL

A **Une fille au pair.** Complétez chaque phrase avec une expression de la liste.

à table	*tant de choses*	*pour «chaud»*	*garde*
différences	*chez*	*a remarqué*	*pour «froid»*
la salle de bain	*écrit*	*fait le ménage*	

1. Kristin a déjà passé trois mois en France. Elle travaille _____ les Louviot.

2. C'est une jeune femme très active. Elle a _____ à faire!

3. Elle n'a pas beaucoup de temps libre. Elle _____ et elle _____ les enfants.

4. Chez les Louviot on mange bien et on passe beaucoup de temps _____.

5. Kristin _____ souvent des messages à ses amis aux États-Unis.

6. Elle explique quelques _____ qui existent entre la France et les États-Unis.

7. Par exemple, elle _____ qu'en France, les toilettes ne se trouvent pas souvent dans _____ comme aux États-Unis.

8. Elle a aussi remarqué que les robinets sont marqués «C» _____ et «F» _____.

PRONONCIATION

B **[y] ou [u]?** **Partie A.** Read the pronunciation section for Chapter 6 of *Entre amis,* and listen to the words to determine whether they contain a [y] or a [u] sound.

Track 2-17

	[y]	[u]
MODÈLE		X
1.		
2.		
3.		
4.		
5.		

	[y]	[u]
6.		
7.		
8.		
9.		
10.		

Partie B. Listen to the following sentences and repeat them as faithfully as possible. After you repeat each sentence, you will hear it again.

Buts communicatifs

BUT 1A

C Les activités du week-end dernier. Complétez chaque phrase avec le verbe indiqué au passé composé.

MODÈLE: (*passer*) Nous *avons passé* une soirée agréable au bal samedi dernier.

MODÈLE: (*ne ... pas danser*) La plupart des étudiants américains *n'ont pas dansé* le tango.

1. (*téléphoner*) Est-ce que vous __________________ à votre amie?
2. (*ne ... pas avoir*) Non, je __________________ le temps.
3. (*faire*) Mes sœurs et moi, nous __________________ la vaisselle, les courses et tout le ménage.
4. (*passer*) Et toi, tu __________________ le week-end chez tes parents?
5. (*travailler*) Non, j'__________________ samedi et dimanche.
6. (*regarder*) Samedi après-midi, Serge et moi, nous __________________ le Tour de France à la télé.
7. (*jouer*) Dimanche, les enfants __________________ dans le parc avec des amis.
8. (*dîner*) Dimanche soir, on __________________ en ville.
9. (*avoir*) Ma pauvre grand-mère, elle __________________ une grippe terrible.

D Un voyage exotique. Jean-Yves décrit les vacances de ses parents. Complétez le texte avec les expressions suivantes.

~~*ce matin*~~	*deux jours*	*le week-end dernier*	*hier soir*
pendant	*dernière fois*	*deux semaines*	

Ce matin, mes parents ont téléphoné du Sénégal où ils passent des vacances. Le Sénégal a beaucoup changé depuis la dernière fois que mon père a voyagé en Afrique. Mon père a visité le Sénégal et l'Afrique du Nord pendant ce voyage-là. Il a beaucoup aimé le Sénégal. Alors, il a invité ma mère à faire un voyage dans ce beau pays. Ils ont passé 2 semaines à Dakar chez un ami de mon père. Après Dakar, ils ont visité Saint-Louis où ils ont passé 2 jours dans un hôtel colonial, *La Résidence au Poste.* le weekend dernier ils ont fait de longues promenades dans les forêts tropicales de Casamance à l'intérieur du pays. Moi, hier soir j'ai rêvé *(dreamed)* de faire un voyage comme le voyage de mes parents dans un pays exotique.

© 2013 Cengage Learning. All Rights Reserved. May not be scanned, copied or duplicated, or posted to a publicly accessible website, in whole or in part.

E **Trop tard** *(Too late)*. Répondez en employant le passé composé et les expressions suivantes pour indiquer qu'on a déjà fait les activités proposées.

ce matin	*il y a*	*hier soir*
dernier	*déjà*	*pendant*

MODÈLE: Tu vas faire tes devoirs maintenant?

  Non, j'ai fait mes devoirs hier soir. _____

1. Tu vas travailler à la bibliothèque ce soir?

_____

2. Et Martine? Elle va jouer au tennis?

_____

3. Alain et toi, vous allez faire la cuisine?

_____

4. Est-ce que Sylvie et Nathalie vont nager à 5 heures?

_____

5. Diane va-t-elle téléphoner à Jérémie?

_____

6. Est-ce que Patrick et Suzanne vont regarder le match de foot à la télé?

_____

7. Ta sœur va-t-elle faire du jogging ce matin?

_____

8. Nous allons manger une pizza?

_____

F **Le journal** *(diary)* **de Paul.** Paul écrit ses activités dans son journal. Complétez le journal avec les verbes qui conviennent au passé composé. (Il est possible d'employer un verbe deux ou trois fois.)

avoir	*passer*	*écouter*	*regarder*
faire	*téléphoner*	*manger*	

1. Hier, j'_____ un samedi assez tranquille.

2. Je n'_____ le temps de faire les courses.

3. Et je n'_____ mes devoirs.

4. À midi, j'_____ un steak au *Bistro de la Gare*. C'est mon bistro favori!

5. L'après-midi, Bernard et moi, nous _____ des CD chez moi.

6. Ensuite, nous _____ une heure au centre commercial de Mériadeck.

7. À 3 heures, j'_____ la sieste.

8. Le soir, j'_____ à Martin pour l'inviter au cinéma, mais il n'aime pas aller au cinéma.

9. Alors, j'_____ un petit sandwich et j'_____ un film comique à la télévision.

BUT 2B

G Les plaisirs de la lecture. Des amis parlent de ce qu'ils aiment lire. Regardez le tableau suivant et puis complétez les phrases en suivant le modèle.

	romans	magazines	journaux	bandes dessinées	blogs
Fabien et toi, vous ...				toujours	ne ... jamais
Robert ...	toujours		ne ... jamais		
Mimi et René ...		souvent		rarement	
Paul et moi, nous ...		quelquefois	régulièrement		
Toi, tu ...	ne ... jamais		toujours		
Moi, je ...		souvent		ne ... jamais	
Mylène et toi, vous ...	quelquefois				ne ... pas du tout

MODÈLE: Fabien et toi, vous _lisez toujours des bandes dessinées, mais vous ne lisez jamais de blogs._

1. Robert _____

2. Mimi et René _____

3. Paul et moi, nous _____

4. Toi, tu _____

5. Moi, je _____

6. Mylène et toi, vous _____

7. Et vous? Que lisez-vous souvent? toujours? quelquefois? jamais?

_____

_____

_____

H Qu'est-ce qu'on écrit? Complétez les phrases avec la forme convenable (au présent ou au passé composé) du verbe **écrire** ou avec une expression de la liste suivante.

journal   *poème*   *blog*   *dissertation*   *e-mail*   *pièce*

MODÈLE: L'année dernière, le professeur _a écrit_ un livre en français.

1. En ce moment, Robert _____ un _____ à ses parents.

   Hier soir, il _____ un long _____ à sa petite amie.

2. Le semestre dernier, Joël et toi, vous _____ une longue

   _____ pour le cours de philosophie.

3. Sophie et Marie-Louise (ne ... jamais) _____ de _____ en français.

4. Le week-end dernier, Paul et moi, nous _____ une petite

   _____ pour le cours de théâtre. J' _____ trois scènes et

   Paul _____ une seule scène.

5. Chaque lundi, Gisèle et Alice _____ un éditorial dans le

   _____ des étudiants.

6. Et vous? Est-ce que vous écrivez souvent des e-mails? À qui?

   _____

7. Est-ce que vous avez déjà écrit une longue dissertation en français?

   _____

8. Écrivez-vous des poèmes à vos ami(e)s?

   _____

9. Écrivez-vous beaucoup de textos (SMS)?

   _____

BUT 2C

I Un adolescent difficile. Pierre est un adolescent qui répond toujours négativement aux questions de ses parents. Répondez aux questions en utilisant **ne ... rien.** Attention aux temps et à l'utilisation des prépositions!

MODÈLE: Pierre, tu as fait tes devoirs?

   Non, je n'ai rien fait.

1. Pierre, qu'est-ce que tu regardes?

   _____

2. Qu'est-ce que tu fais d'intéressant à l'école?

   _____

3. Qu'est-ce que tu as lu aujourd'hui?

   _____

4. Qu'est-ce que tu as écrit dans ton cours d'anglais?

_____

5. Et qu'est-ce que tu vas faire ce soir?

_____

BUTS 2D, 3E

J **Quelques questions personnelles.** Répondez aux questions.

1. Pendant combien d'heures avez-vous étudié hier soir?

_____

2. Est-ce que vous avez dîné tard hier soir?

_____

3. Combien de temps avez-vous passé à table?

_____

4. Combien de temps passez-vous à faire vos devoirs d'habitude?

_____

5. Combien de temps avez-vous passé à la bibliothèque la semaine dernière?

_____

6. Est-ce que vous vous levez tôt d'habitude?

_____

7. Combien de fois par mois allez-vous au cinéma?

_____

8. Combien de fois par mois vous levez-vous tard?

_____

9. Sortez-vous souvent?

_____

10. Est-ce que vous vous amusez beaucoup?

_____

BUT 3F

K **Au contraire.** Répondez aux questions en suivant l'exemple. Faites attention à l'emploi des prépositions **à** et **de**.

MODÈLE: Vous avez joué de la guitare chez les Martin? *(jouer / basket)*

   Non, nous avons joué au basket (chez les Martin).

1. Nadège a-t-elle joué du piano cet après-midi? *(jouer / tennis avec Alice)*

_____

2. Vas-tu jouer de la batterie avec Jean-Luc ce soir? *(jouer / foot)*

_____

3. Daniel et Luc vont-ils jouer au hockey ce week-end? *(jouer / accordéon et saxophone)*

_____

4. Est-ce que tes nouveaux amis américains vont jouer au basket samedi? *(jouer / cartes avec nous)*

_____

5. Monique aime jouer au bridge, n'est-ce pas? *(jouer / échecs)*

_____

6. Et Suzanne a-t-elle joué du piano hier soir? *(jouer / violon)*

_____

7. Est-ce que Roger Federer a joué à la pétanque? *(jouer / tennis)*

_____

8. Et vous? De quoi jouez-vous?

_____

L Tu as vu Elvis?

Track 2-18

Partie A. Quelques *(Some)* amis décident de former un groupe de musique *(band)*. Écoutez la première conversation. De quel instrument de musique ont-ils besoin *(do they need)* pour compléter leur groupe? Indiquez la bonne réponse.

un saxophone   une batterie   un piano   une guitare

Partie B. Écoutez la deuxième conversation. Comment s'appelle le *dernier (last)* membre du groupe? Indiquez la bonne réponse.

Justine   Évelyne   Luc   Robert

Partie C. Écoutez la troisième conversation. Quel style de musique le groupe n'a *pas encore* essayé de jouer? Indiquez la bonne réponse.

le rock   le jazz   le reggae   le pop

M Un vieux champion.

Partie A. D'accord ou pas d'accord? Lisez les phrases suivantes et donnez votre opinion.

1. Les athlètes professionnels pratiquent tous les jours.

_____ d'accord   _____ pas d'accord

2. La plupart des sports sont des sports d'équipe *(team)*.

_____ d'accord   _____ pas d'accord

3. L'âge moyen d'un athlète professionnel est de 25 ans.

_____ d'accord   _____ pas d'accord

Partie B. Vous écoutez une émission de jeu *(a game show)*. Monsieur Delardier a été champion d'un jeu mysté-

Track 2-19

rieux. Écoutez attentivement la conversation et décidez si les phrases suivantes sont **vraies (V)** ou **fausses (F)**. Écoutez la conversation plusieurs fois!

_____ 1. Parfois *(sometimes)* le champion joue tout seul, parfois il joue en équipe.

_____ 2. Il a commencé à jouer récemment *(recently)*.

_____ 3. Les personnes qui jouent à ce jeu sont toujours très jeunes.

_____ 4. Le champion joue deux fois par jour.

_____ 5. Il joue tous les jours.

À quel jeu pensez-vous que le champion joue? _____

BUT 3G

Ⓝ Où sont-ils? Utilisez des pronoms accentués pour compléter les phrases. Suivez les exemples.

MODÈLE: François est chez _lui_.

MODÈLE: Les étudiants sont chez _eux_.

1. Lisette est chez Henriette. Elle passe l'après-midi chez _____.

2. Le professeur est chez _____.

3. Tu as invité Guillaume et Marcel. Ils sont chez _____.

4. Vous êtes chez _____.

5. Je suis chez _____.

6. Hier soir tu as dîné chez tes parents. Tu as dîné chez _____.

7. Nous sommes chez _____.

8. Les filles de Madame Garnier sont chez _____.

Ⓞ Les conformistes. Répondez aux questions en utilisant un pronom accentué. Suivez les modèles.

MODÈLE: Paul porte toujours un jean, un tee-shirt et des baskets. Et ses camarades? _Eux aussi._

MODÈLE: Paul ne porte jamais de chapeau. Et son ami Roland? _Lui non plus._

1. Charlotte aime les comédies. Et sa meilleure amie? _____

2. Mais elle n'aime pas du tout les films d'action. Et son petit ami? _____

3. Pour aller danser, Charlotte porte souvent une robe courte. Et ses camarades? _____

4. Charlotte et Bernard ne font jamais de camping. Et Thierry et Chantal? _____

5. Charlotte et Bernard détestent le rock. Et leurs parents? _____

6. Mais ils adorent le reggae et la musique afro-antillaise. Et leurs camarades? _____

7. Le père de Charlotte n'aime pas la bière hollandaise. Et son oncle? _____

8. La mère de Charlotte aime beaucoup le citron pressé. Et sa tante? _____

BUT 3H

Ⓟ Que font-ils ce week-end? Complétez les phrases suivantes avec le verbe entre parenthèses au présent.

1. *(sortir)* —Ce soir, je _____ avec Christophe. Nous allons voir un film. Et vous, qu'est-ce que vous faites plus tard?

2. *(sortir)* —Nous _____ dîner avec Éric et Leila.

3. *(dormir)* —Le samedi matin, vous _____ tard, en général?

4. *(dormir)* —Oui, d'habitude nous _____ tard.

5. *(partir)* —Mais demain, nous _____ en voyage.

6. *(partir)* —À quelle heure _____ -vous?

7. *(partir)* —Le train _____ à huit heures du matin.

8. *(dormir)* —Et toi, est-ce que tu _____ tard le samedi matin?

9. *(partir)* —D'habitude, oui, mais demain je _____ aussi en voyage.

Track 2-20

Un week-end actif. Partie A. Écoutez comment trois colocataires *(roommates)* ont passé le week-end. Attention! 1) Comment s'appellent-ils? 2) Qui a dormi tard? 3) Qui a lu une pièce, le journal ou un roman? Écoutez la conversation plusieurs fois et finissez les phrases suivantes.

1. Chantal n'a pas lu de _____.

2. La personne qui a dormi jusqu'à *(until)* 9 h 45 a lu _____.

3. Caroline ne lit jamais de _____.

4. La personne qui a dormi jusqu'à 7 h 40 _____ roman.

5. Caroline s'est réveillée *(woke up)* avant _____.

6. Catherine trouve le théâtre extraordinaire. Elle _____ beaucoup de pièces pour sa classe de Shakespeare.

7. La personne qui a lu _____ déteste faire la grasse matinée (se lever tard).

8. _____ a passé la matinée *(morning)* à lire de la fiction.

9. _____ a consulté son horoscope samedi matin.

10. _____ s'est réveillée *(woke up)* après Catherine.

Partie B. Comparez les phrases de la partie A aux informations des tableaux suivants. Ensuite, décidez si les phrases suivantes sont **vraies (V)** ou **fausses (F)**.

	7 h 40	9 h 45	12 h 00
Chantal	x	x	✓
Caroline	✓	x	x
Catherine	x	✓	x

	roman	pièce	journal
Chantal	✓	x	x
Caroline	x	x	✓
Catherine	x	✓	x

	7 h 40	9 h 45	12 h 00
roman	x	x	✓
pièce	x	✓	x
journal	✓	x	x

Vrai ou faux?

_____ 1. La personne qui a lu un roman a dormi jusqu'à midi.

_____ 2. La personne qui aime se lever très tôt a lu le journal.

_____ 3. Catherine, qui a dormi jusqu'à 9 h 45, a lu une pièce.

BUT 31

R **Questions sur votre vie privée.** Répondez en faisant particulièrement attention à la conjugaison des verbes en **-yer.**

1. Qui nettoie la maison chez vos parents? Qui nettoie votre chambre?

   _____

2. Est-ce que vous et vos amis nettoyez votre chambre dans votre résidence universitaire?

   _____

3. Quand avez-vous nettoyé votre chambre pour la dernière fois?

   _____

4. À qui envoyez-vous des e-mails? À vos amis? À votre famille?

   _____

5. Envoyez-vous beaucoup de textos (SMS)? À qui?

   _____

6. Est-ce que les étudiants dans votre université envoient beaucoup d'e-mails? Et les professeurs?

   _____

7. Quand avez-vous envoyé votre dernier texto? À qui?

   _____

INTÉGRATION

Track 2-21

S **Je suis fatigué!** Robert explique à un ami pourquoi il est fatigué. Écoutez la conversation et choisissez la réponse juste. Écoutez la conversation plusieurs fois!

1. Pourquoi Robert est-il fatigué?
   a. Il a joué au football.
   b. Il n'a pas beaucoup dormi.
   c. Il a fait beaucoup de choses à la maison.

2. Qu'est-ce que Robert a écrit?
   a. des textos
   b. des lettres
   c. des e-mails

3. Où est-ce que Robert a mangé?
   a. chez lui
   b. au restaurant
   c. au café

4. Qu'est-ce que Robert a nettoyé?
   a. la cuisine
   b. sa chambre
   c. la salle de séjour

5. Qu'est-ce que Robert va faire ce soir?
   a. Il ne va rien faire.
   b. Il va sortir.
   c. Il va se coucher tôt.

LECTURE

T **Le Club Med.** Regardez le tableau des activités du *Club Med* dans des endroits différents puis répondez aux questions par des phrases complètes.

ACTIVITÉS ÉTÉ MER	MALABATA MAROC · P 78	LES MALDIVES REP DES MALDIVES · P 182	MARRAKECH MAROC · P 78	OTRANTO ITALIE · P 94	PAKOSTANE YOUGOSLAVIE · P 134	PALAIS MANIAL EGYPTE · P 146	PLAYA BLANCA MEXIQUE · P 178	POMPADOUR FRANCE · P 128	PUERTO MARIA ESPAGNE · P 114	PUNTA CANA RÉP. DOMINICAINE · P 165	LES RESTANQUES FRANCE · P 126	ROUSSALKA BULGARIE · P 138	SANTA GIULIA CORSE · P 119	SMIR MAROC · P 68
piscine	●	●	●	●		●	●	●	●		●			●
tennis	●		●	●			●	●	●	●	●	●		●
voile	●	●		●	●		●	●	●	●	●		●	●
équitation	●			●			●		●					
yoga	●		●		●			●	●		●		●	●
judo					●								●	●
basket, football, aérobique	AÉRO-BIQUE		AÉRO-BIQUE	FOOT AÉRO-BIQUE	AÉRO-BIQUE		BASKET AÉRO-BIQUE	AÉRO-BIQUE	AÉRO-BIQUE	AÉRO-BIQUE	AÉRO-BIQUE	AÉRO-BIQUE	AÉRO-BIQUE	AÉRO-BIQUE
restaurant annexe	✕		✕	✕								✕		✕
arts appliqués	●		●	●			●	●	●			●	●	●
location de voitures	●		●							●			●	●
promenades et location de bicyclettes	●							●	●	●		●		
enfants (sans moniteur) à partir de		6 ANS	6 ANS			12 ANS	6 ANS				6 ANS			
Baby-Club à partir de												1 AN		

Questions:

1. Dans quel pays se trouve le *Club Med Pompadour*?

_____

2. Combien de clubs y a-t-il au Maroc?

_____

3. Où est le *Club Med Playa Blanca*?

_____

4. Nommez le *Club Med* où on fait du yoga, de l'équitation et de la voile.

_____

5. Quel club propose un *Baby-Club* à partir d'un an?

_____

6. Vous aimez faire du sport pendant les vacances?

_____

7. Quelles activités du *Club Med* aimez-vous?

_____

🔊 Ⓤ **À vous.** Fermez vos livres. Répondez aux questions à l'oral et à l'écrit! Vous allez entendre les questions deux
Track 2-22 fois. Répondez après la deuxième répétition.

1. _____

2. _____

3. _____

4. _____

5. _____

6. _____

7. _____

8. _____

RÉDACTION

Ⓥ **La vie en dehors** *(outside)* **des cours.** Bruno vous a envoyé l'e-mail suivant. Répondez à son e-mail en
deux paragraphes où vous décrivez vos activités en dehors des cours.

Cher (Chère) ami(e),

Je suis très heureux d'avoir reçu ta dernière lettre. Aujourd'hui, je vais te raconter ce que je fais d'habitude, et
quand j'ai du temps libre.

Le lundi, j'ai cours jusqu'à 2 heures; alors après, je travaille à «Décathlon», un magasin de sport. Je travaille de
3 heures à 7 heures, et aussi le samedi toute la journée. Cela fait seulement 12 heures par semaine, mais je dois
aussi beaucoup étudier; alors c'est suffisant!

Après le travail, le samedi, je sors avec mes amis: nous allons souvent au cinéma ou à la patinoire. Nous nous
amusons beaucoup. Le reste de la semaine, je n'ai pas beaucoup de temps libre. J'étudie à la bibliothèque
(souvent avec un groupe d'amis), ou je joue de la guitare dans ma chambre pour pratiquer et me relaxer.

Le dimanche est mon seul vrai jour de repos. Je me lève vers midi, je prends mon petit déjeuner et je regarde un
peu la télévision. Quelquefois, mon ami Antoine me téléphone pour me demander de jouer au football avec lui.
C'est toujours avec plaisir que je réponds «Oui!», et nous allons ensemble au stade.

Et toi? Qu'est-ce que tu fais? Dans ta prochaine lettre, parle-moi de ta vie en dehors des cours, s'il te plaît!

J'espère que tu vas bien. À bientôt de te lire!

Ton ami,

Bruno

- Répondez aux questions suivantes.

    a. Travaillez-vous? Où? Combien d'heures par semaine?

    _____

    _____

    b. Sortez-vous souvent? Quand? Avec qui?

    _____

    _____

    c. Est-ce que vous vous amusez beaucoup? Quelle est votre activité préférée?

    _____

    _____

    d. Où allez-vous généralement le week-end?

    _____

    _____

    e. Vous levez-vous tôt ou tard le dimanche matin?

    _____

    _____

    f. Jouez-vous d'un instrument de musique? Jouez-vous souvent aux cartes? etc.

    _____

    _____

- Maintenant, écrivez un e-mail de deux paragraphes avec les informations que vous avez notées. Dans le premier paragraphe, parlez de votre travail ou de vos études. Dans le second paragraphe, écrivez au sujet de vos loisirs *(leisure activities)*.

_____

_____

_____

_____

_____

_____

_____

_____

_____

_____

_____

_____

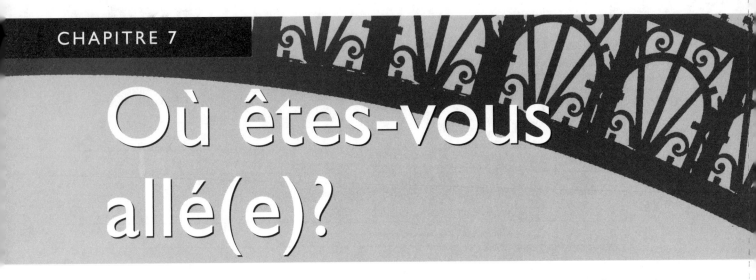

CHAPITRE 7

Où êtes-vous allé(e)?

CONVERSATION

A **Au téléphone.** Séverine Thévenot vient de descendre du train à la gare de Laval. Elle téléphone aux Renaud pour qu'ils viennent la chercher. Complétez la conversation.

1. Allô? ___C___

2. Qui est à l'appareil? ___e___

3. Vous êtes arrivée? ___d___

4. Vous devez être fatiguée, Mademoiselle. ___a___

5. Restez à la gare. Ma femme est déjà partie vous chercher. ___b___

a. Non, pas trop.

b. C'est très gentil à vous de vous occuper de moi.

c. Monsieur Renaud?

d. Je viens de descendre du train.

e. Bonjour, Monsieur. C'est Séverine Thévenot.

PRONONCIATION

B **[ɔ] ou [o]? Partie A.** Read the pronunciation section for Chapter 7 of Entre amis and listen to the words to determine whether they contain an [ɔ] or an [o] sound.

Track 2-23

	[ɔ]	[o]
MODÈLE:	X	
1.		
2.		
3.		
4.		
5.		
6.		
7.		
8.		
9.		
10.		

Partie B. Repeat the following pairs of words after the speaker, paying particular attention to the [ɔ] / [o] difference. After you repeat each pair of words, you will hear them again.

1. bol / beau

2. comme / Côme

3. motte / mot

4. votre / vôtre

5. hotte / haute

Buts communicatifs

BUT 1A

C À la gare. Complétez les phrases suivantes avec les verbes entre parenthèses au passé composé.

MODÈLES: *(arriver)*   Est-ce qu'elle _est arrivée_ à la gare en retard?

(ne ... pas partir)   Non, elle _n'est pas partie_ à l'heure.

1. *(aller)*   Aline et Marc, est-ce que vous _____ à la gare hier?

2. *(arriver)*   Oui, et nous _____ en avance, à 15 heures.

3. *(entrer)*   Le train _____ en gare à 15 heures 40.

4. *(rester)*   Est-ce que Laure _____ avec vous au café de la gare?

5. *(rentrer)*   Oui. Après le café, nous _____ à la maison.

6. *(tomber; aller)*   Laure _____ malade pendant les vacances; elle

                         _____ chez le médecin à Laval.

7. *(ne ... pas revenir)* Ses parents _____ de Vancouver.

8. *(sortir)*   Marc, Laure et toi, vous _____ hier soir?

9. *(descendre)*   Oui, nous _____ en ville pour dîner.

D Quel week-end! Sandrine écrit à son amie Stéphanie. Utilisez le passé composé des verbes indiqués pour compléter l'e-mail de Sandrine. Ensuite, répondez aux questions. Attention au choix entre **être** et **avoir**!

Chère Stéphanie,

Samedi soir, Arnaud, Antoine, Delphine et moi, nous _____ (aller)
au cinéma. Comme d'habitude, Arnaud _____ (ne pas arriver) à
l'heure. Il _____ (arriver) un quart d'heure en retard parce qu'il
_____ (avoir) des problèmes avec ses parents. Nous _____
(partir) de chez moi vers 8 heures 20. Mais heureusement nous _____ (arriver)
au cinéma avant le début du film. J'_____ (trouver) le film très intéressant.
Après le film, nous _____ (aller) manger des glaces au Mont Royal où nous
_____ (parler) longtemps de nos vacances d'été. Je _____
(rentrer) vers minuit. J'_____ (bien dormir)! Je _____
(ne pas dormir) tard dimanche matin. Je _____ (se lever) très tôt et je
_____ (aller) à l'église avec mes parents; après j'_____
(faire) quelques devoirs. L'après-midi, j' _____ (jouer) au tennis. Et toi, qu'est-ce
que tu _____ (faire) ce week-end?

J'attends ta lettre.

Ciao,

Sandrine

Questions:

1. Qu'est-ce que Sandrine a fait samedi soir?

_____

2. Comment est-ce qu'elle a trouvé le film?

_____

3. Pourquoi Arnaud est-il arrivé en retard?

_____

4. À quelle heure Sandrine et ses amis sont-ils partis?

_____

5. Qu'est-ce qu'ils ont fait après le film?

_____

6. À quelle heure est-ce que Sandrine est rentrée?

_____

7. Et vous? Est-ce que vous vous êtes bien amusé(e) le week-end dernier?

   _____

8. Est-ce que vous êtes allé(e) au cinéma?

   _____

9. Est-ce que vous vous êtes levé(e) tôt dimanche matin?

   _____

10. Est-ce que vous avez écrit des e-mails la semaine dernière? À qui?

    _____

E **Quelle coïncidence!** Les personnes suivantes ont fait les mêmes choses. Décrivez ce qu'elles ont fait d'après le modèle. Faites attention à l'accord du participe passé!

MODÈLE: Gabrielle est allée au concert. Et Marc?

Lui aussi, il est allé au concert.

1. Danielle est rentrée vers minuit. Et Christine?

   _____

2. Didier est retourné à Montréal. Et Marianne et sa sœur?

   _____

3. Je suis sorti(e) samedi soir. Et toi, Chloé?

   _____

4. Arnaud et toi, vous êtes partis à 8 heures pour aller en ville. Et les autres étudiants?

   _____

5. Mes amis se sont amusés le week-end dernier. Et ton frère?

   _____

6. Tu es resté(e) dans ta chambre ce week-end. Et Sophie et Manon?

   _____

7. Thierry s'est levé à 7 heures du matin. Et toi, Adèle?

   _____

8. Votre ami est descendu du train de Québec. Et vous, Antoine et Albert?

   _____

9. Mes parents sont revenus hier après-midi. Et tes parents?

   _____

10. Le professeur est allé au théâtre jeudi soir. Et ses étudiants?

    _____

BUT 1B

F Est-ce qu'ils y vont? Remplacez l'expression soulignée par le pronom **y.** Attention au temps des verbes!

MODÈLE: Le professeur va souvent <u>en Louisiane</u>.

Il y va souvent.

1. Je vais quelquefois <u>à la bibliothèque</u>.

_____

2. Nous ne passons pas deux heures <u>au labo</u> chaque jour.

_____

3. Ma sœur travaille <u>sur le campus</u>.

_____

4. Mes parents ont fait un voyage <u>au Sénégal</u> il y a cinq ans.

_____

5. La plupart des étudiants ont écrit leurs dissertations <u>au resto U.</u>

_____

6. Je vais poster une lettre <u>en ville</u>.

_____

7. Elles ne sont pas restées <u>à la gare</u>.

_____

8. Mon frère a habité <u>en France</u> pendant cinq ans.

_____

9. Vous allez <u>à l'église le</u> dimanche?

_____

G L'emploi du temps de Sabine. Sabine écrit toujours sur son agenda les choses à faire. Vendredi soir, sa camarade de chambre examine sa liste et demande à Sabine si elle a fait toutes ces choses. Posez des questions d'après le modèle et répondez en utilisant le pronom **y.** S'il n'y a pas de marque ✓ devant l'activité, répondez **non** et mettez le verbe à la forme négative.

	Vendredi 9 novembre	
9 h	✓	aller en classe
11 h	_____	descendre en ville trouver un pull
12 h 30	✓	déjeuner avec Mathilde au bistro du coin
14 h	_____	aller au bureau de poste
14 h 30	✓	rentrer chez moi
17 h	✓	étudier à la bibliothèque
19 h	✓	dîner au restaurant

MODÈLE: — _Tu es vraiment allée en classe à 9 heures?_ _____

— _Oui, j'y suis allée._ _____

MODÈLE: — _Tu es descendue en ville trouver un pull?_ _____

— _Non, je n'y suis pas descendue._ _____

1. _____

_____

2. _____

_____

_____

3. _____

_____

4. _____

_____

5. _____

_____

BUT 1C

H **D'où viennent-ils?** Complétez les phrases suivantes pour dire d'où les personnes viennent.

MODÈLE: Je _viens de la bibliothèque._ _____

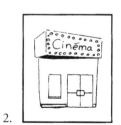

1. 2. 3. 4.

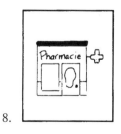

5. 6. 7. 8.

1. Hélène _____

2. Liliane et Arnaud _____

3. Vous _____

4. Éric _____

5. Tu _____

6. Mes parents _____

7. Marion et moi, nous _____

8. Vous _____

BUTS 2D, 2E

J Une collection philatélique. Maryline collectionne les timbres *(stamps)*. Elle a des timbres de beaucoup de pays. Suivez le modèle et indiquez la date et le pays d'origine de ses timbres. (Suggestion: Révisez les adjectifs de nationalité dans le Chapitre 1 et les nombres dans le Chapitre 3.)

MODÈLE: 17/4/89; Strasbourg (F)
On a posté cette lettre *de France le 17 avril mille neuf cent quatre-vingt-neuf.*

1. 21/1/1976; Munich (D)

   On a posté cette lettre _____

2. 18/8/2008; Berne (CH)

   On a posté cette lettre _____

3. 26/6/1946; Casablanca (MA)

   On a posté cette lettre _____

4. 9/11/1959; Indianapolis (USA)

   On a posté cette lettre _____

5. 12/10/2011; Montréal (CDN)

   On a posté cette lettre _____

6. 2/2/1922; Londres (GB)

   On a posté cette lettre _____

BUT 2E

J **Les fêtes en France.** Lisez le calendrier des jours de fermeture *(closing)* des banques en France. Ensuite, faites des phrases d'après le modèle.

Les jours de fermeture des banques en France			
1er janvier	*Jour de l'An*	5 juin	*Lundi de Pentecôte*
14 avril	*Vendredi Saint*	14 juillet	*Fête nationale*
15 avril	*Veille de Pâques*	15 août	*Assomption*
17 avril	*Lundi de Pâques*	1er novembre	*La Toussaint*
1er mai	*Fête du Travail*	11 novembre	*Armistice***
8 mai	*Armistice**	25 décembre	*Noël*
25 mai	*Ascension*		

*Fin de la Seconde Guerre mondiale *(WWII)*   **Fin de la Première Guerre mondiale *(WWI)*

MODÈLE: 01/01 Les banques sont fermées *le 1er janvier (Jour de l'An).* _____

1. 14/04 Les banques sont fermées _____

2. 15/04 Les banques sont fermées _____

3. 01/05 Les banques sont fermées _____

4. 15/08 Les banques sont fermées _____

5. 25/05 Les banques sont fermées _____

6. 08/05 Les banques sont fermées _____

7. 14/07 Les banques sont fermées _____

8. 01/11 Les banques sont fermées _____

9. 11/11 Les banques sont fermées _____

10. 25/12 Les banques sont fermées _____

K **Le temps chez vous.** Répondez aux questions suivantes par des phrases complètes.

1. En quelle saison êtes-vous né(e)?

_____

2. Quel mois?

_____

3. Quel temps fait-il généralement à ce moment-là?

_____

4. En quel mois est-ce qu'il commence à faire froid chez vous?

_____

5. En quelle saison est-ce qu'il pleut chez vous?

_____

6. Pendant quel(s) mois est-ce que vous allez partir en vacances?

_____

7. En quel mois commence la saison de basket-ball?

_____

8. Quelle est votre saison préférée? Pourquoi?

_____

L **Quel temps fait-il?** **Partie A.** Comparez les phrases suivantes avec la carte météo. Ensuite, indiquez si chaque phrase est **a)** logique ou **b)** illogique.

1. _____ Marc vient de Nantes, où il faut porter un imperméable aujourd'hui.

2. _____ Nicolas vient de Paris, où il faut faire attention à son chapeau aujourd'hui.

3. _____ Dominique vient de Grenoble, où on va nager dans l'océan aujourd'hui.

4. _____ Camille vient de Bordeaux, où on porte un tee-shirt quand on sort aujourd'hui.

5. _____ Laurence vient de Marseille, où on va skier et patiner aujourd'hui.

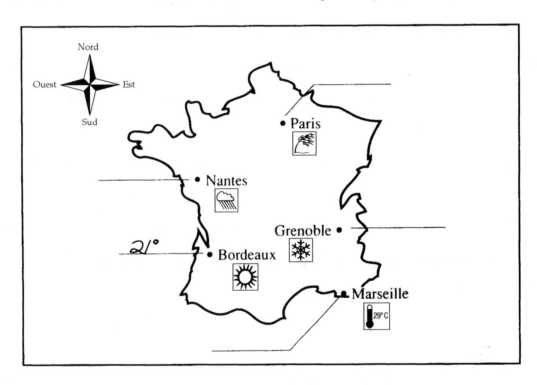

Partie B. Maintenant, écoutez plusieurs fois le bulletin météo (*weather report*). Écrivez les températures sur la carte, comme dans le modèle.

Track 2-24

Partie C. Enfin, pour chaque ville mentionnée dans le bulletin météo, écrivez la température en degrés Celsius en chiffres (ex: 21) et l'équivalent en Fahrenheit en lettres (Ex: 66°F = soixante-six degrés). Pour trouver l'équivalent Celsius / Fahrenheit, utilisez le thermomètre à droite.

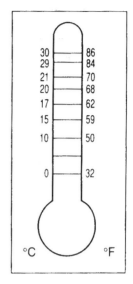

	Ville	Celsius	Fahrenheit
Modèle:	Bordeaux	*21°*	*soixante-dix degrés*
	Marseille		
	Nantes		
	Grenoble		
	Paris		

BUT 3F

Ⓜ **C'est vrai ou ce n'est pas vrai?** Répondez avec **Oui** ou **Si** aux questions en utilisant **venir de.**

MODÈLE: C'est vrai, tu as déjà lu la carte postale de ton amie?

Oui, je viens de lire sa carte postale.

MODÈLE: C'est vrai, tu n'as pas fait les courses?

Si, je viens de faire les courses.

C'est vrai, ...

1. tu as lu le journal?

_____

2. tu n'as pas téléphoné à tes parents?

_____

3. vous deux, vous avez joué aux échecs?

_____

4. ton ami et toi, vous êtes allés à la gare?

_____

5. les étudiants n'ont pas joué au basket?

_____

6. ta camarade de chambre et toi, vous avez fait vos devoirs de maths?

_____

7. tu n'as pas expliqué pourquoi tu n'es pas sorti(e)?

_____

8. tes amis n'ont pas téléphoné?

_____

N **Une rencontre.** **Partie A.** Sophie et Monique parlent de quelqu'un que Sophie a rencontré. Avant d'écouter leur conversation, répondez aux questions suivantes.

1. Sophie veut exprimer qu'elle a terminé de déjeuner il y a très peu de temps. Qu'est-ce qu'elle dit (*say*)?

_____

2. Qui peut être cette nouvelle personne?

_____

Track 2-25

Partie B. D'abord, écoutez la conversation sans écrire. Pensez aux questions suivantes: «Qui sont les personnages?» «Où sont-ils?» «Qu'est-ce qu'ils font?» pour prédire (*predict*) ce qu'ils disent et pour mieux anticiper la conversation. Maintenant, écoutez la conversation encore une fois et écrivez les mots et les expressions qui manquent (*that are missing*). Finalement, relisez le texte et vérifiez l'orthographe et la grammaire.

SOPHIE:	_____, Monique!
MONIQUE:	_____, Sophie. _____?
SOPHIE:	Je _____ homme charmant.
MONIQUE:	Non?! Où _____?
SOPHIE:	Dans _____ chinois.
	_____ chinoise.
MONIQUE:	Et qui _____ charmant?
SOPHIE:	C'est _____ frère. Nous _____ déjà
	_____ il y a _____.
MONIQUE:	Alors, ça _____ sérieux?
SOPHIE:	Je _____.

INTÉGRATION

Track 2-26

O **Le chemin des suspects.** **Partie A.** Michèle Saitout, une détective privée, suit (*is following*) trois personnes différentes. Écoutez ses observations et indiquez la route de chaque personne à travers la ville.

Personne numéro un: utilisez des pointillés (..............) pour indiquer le chemin sur le plan.

Personne numéro deux: utilisez des flèches (→ → → →) pour indiquer le chemin sur le plan.

Personne numéro trois: utilisez une ligne solide (_____) pour indiquer le chemin sur le plan.

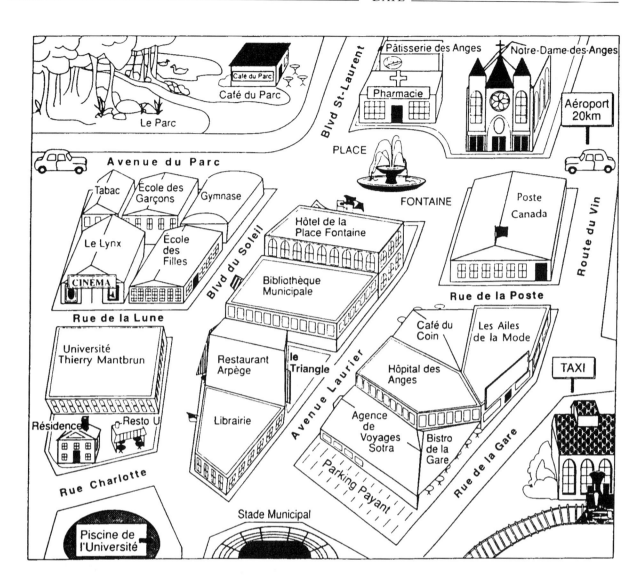

🔊 **Partie B**. Écoutez les observations encore une fois et prenez des notes sur les cartes ci-dessous (*below*).

Numéro Un
Qui? _____
Où? Point de départ _____
Destination _____
Quand?   Jour _____
Date _____
Heure _____

```
┌─────────────────────────────────────────────────────────────────────┐
│                          Numéro Deux                                  │
│                                                                       │
│    Qui? _____          │
│                                                                       │
│    Où? Point de départ _____        │
│                                                                       │
│    Destination _____        │
│                                                                       │
│    Quand?   Jour _____         │
│                                                                       │
│             Date _____         │
│                                                                       │
│             Heure _____         │
│                                                                       │
└─────────────────────────────────────────────────────────────────────┘


┌─────────────────────────────────────────────────────────────────────┐
│                          Numéro Trois                                 │
│                                                                       │
│    Qui? _____          │
│                                                                       │
│    Où? Point de départ _____        │
│                                                                       │
│    Destination _____        │
│                                                                       │
│    Quand?   Jour _____         │
│                                                                       │
│             Date _____         │
│                                                                       │
│             Heure _____         │
│                                                                       │
└─────────────────────────────────────────────────────────────────────┘
```

Partie C. Maintenant, imaginez que vous êtes le détective privé. Relisez la carte du troisième suspect et laissez un message pour votre client(e). Utilisez les informations que vous avez notées sur la troisième carte ci-dessus. Après avoir terminé votre message, écoutez le modèle. Vous pouvez répéter votre message encore une fois si vous voulez le perfectionner.

P À vous. Fermez vos livres. Répondez aux questions à l'oral et à l'écrit! Vous allez entendre les questions deux fois. Répondez après la deuxième répétition.

Track 2-27

1. _____

2. _____

3. _____

4. _____

5. _____

6. _____

7. _____

8. _____

🔊 ⓠ **Connaissez-vous le monde?** Sir Edmond Hill a fait un voyage autour du monde et un journaliste lui pose
Track 2-28 des questions. Ensuite, écoutez la conversation deux fois et choisissez la/les réponse(s) juste(s).

1. Sir Edmond est parti de…
   a. Londres.   b. Shanghai.   c. Paris.

2. La date de son départ est…
   a. le 25 mai.   b. le 26 mai.   c. le 27 mai.

3. Sir Edmond a voyagé avec…
   a. son fidèle serviteur *(servant)*.   b. son guide chinois.   c. ses guides fidèles.

4. D'abord, ils sont allés…
   a. en Chine.   b. en Russie.   c. en Afghanistan.

5. Pendant leur voyage, ils ont utilisé…
   a. l'avion et le vélo.   b. le train et des vélos.   c. l'avion et le train.

6. Sir Edmond est rentré…
   a. fin mai.   b. en juin.   c. le premier juillet.

RÉDACTION

ⓡ **Qu'est-ce que vous avez fait le week-end dernier?** Vous voulez raconter à votre amie Caroline ce
que vous avez fait le week-end dernier.

1. Faites une liste de vos activités du week-end dernier.

Quoi?	Quand?	Avec qui?
MODÈLE: *aller au cinéma*	*vendredi soir*	*avec mes amis*

2. Répondez aux questions suivantes.

   • Avez-vous étudié? Pendant combien de temps?

   _____

   • Avez-vous envoyé des e-mails? À qui?

   _____

   • Avez-vous lu des journaux? des magazines? un livre?

   _____

• Êtes-vous sorti(e)? Avec qui? Quand?

_____

• Vous êtes-vous levé(e) tôt/tard dimanche matin? Pourquoi?

_____

3. Maintenant, utilisez ces réponses dans votre e-mail.

_____

_____

_____

_____

_____

_____

_____

_____

_____

CHAPITRE 8

On mange bien en France

CONVERSATION

A **Qu'est-ce qu'il y a dans la cuisine de Stéphanie?** Identifiez les choses suivantes et commencez vos phrases par **il y a**, puis **du, de l', de la** ou **des**.

 1.

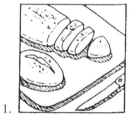 2.

 3.

MODÈLE: *Il y a du poulet.*

 3.

 4.

 5.

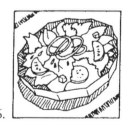 6.

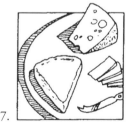 7.

 8.

1. _____

2. _____

3. _____

CHAPITRE 8 101

4. _____

5. _____

6. _____

7. _____

8. _____

PRONONCIATION

🔊 Track 3-1 **B** **Les sons [s] / [z] et [ʃ] / [ʒ].** Read the pronunciation section for Chapter 8 of *Entre amis*. Listen to the words to determine which ones contain an **[s]** or a **[z]**, a **[ʃ]** or a **[ʒ]** sound. **Attention!** Some words may contain more than one of these sounds!

	[s]	[z]	[ʃ]	[ʒ]
MODÈLE:	X			
1.				
2.				
3.				
4.				
5.				
6.				
7.				
8.				
9.				
10.				

🔊 Track 3-2 **C** **Les sons [g] ou [ʒ]?** Repeat each of the following words after the speaker. You will then hear each word again so you may check your pronunciation.

1. voyager

2. église

3. gymnase

4. gentille

5. guitare

6. grimper

7. partageons

8. Sénégal

9. ménage

10. gauche

NOM _____

Buts communicatifs

BUT I

D **Chassez l'intrus!** Rayez *(cross out)* l'expression qui n'appartient pas *(doesn't belong)* au même type de nourriture que les autres.

1. de l'emmental / du camembert / du brie / du poulet

2. des haricots verts / des épinards / du chèvre / des petits pois

3. de la tarte / de la viande / du gâteau / de la glace

4. de la salade / du bœuf / du poulet / du porc

5. de la truite / du poisson / du saumon / du pain

6. des pâtisseries / de la truite / du gâteau / des fruits

BUT IA

E **À la Soupière gourmande.** Regardez la carte du restaurant *La Soupière gourmande* et devinez le choix de trois de vos camarades de classe en donnant une entrée, un plat principal (avec des légumes), un dessert et une boisson pour chacun(e). Utilisez des articles partitifs et variez vos choix.

```
┌─────────────────────────────────────────────────────┐
│         La Soupière gourmande                         │
│                    Menu                               │
│                                                       │
│              ⎧  Soupe de légumes                      │
│   Au choix  ⎨   Pâté maison                           │
│              ⎩  Crudités                              │
│                                                       │
│              ⎧  Truite meunière / petits pois         │
│   Au choix  ⎨   Filet de bœuf / haricots verts        │
│              ⎪  Poulet rôti / frites                  │
│              ⎩  Côte de porc / riz                    │
│                                                       │
│              ⎧  Crêpe Suzette                         │
│   Au choix  ⎨   Salade de fruits                      │
│              ⎩  Gâteau au chocolat                    │
│                                                       │
│              ⎧  Vin rouge / blanc / rosé              │
│   Boissons  ⎨   Bière                                 │
│              ⎩  Eau minérale                          │
└─────────────────────────────────────────────────────┘
```

MODÈLE: *Hervé va prendre des crudités, du poulet rôti, des frites et de la salade de fruits.*
Comme boisson, il va prendre de la bière.

1. _____

_____

2. _____

_____

3. _____

_____

4. Et vous? Qu'est-ce que vous allez prendre?

Moi, _____

_____

F **Un repas spécial.** Dimanche, c'est l'anniversaire de Nadège. Sa maman va préparer un repas spécial. Complétez le menu qu'elle compose avec l'article partitif qui convient.

D'abord, nous allons commencer par un apéritif: _____ kir. Ensuite, comme entrée:

_____ pâté et _____ crudités. Puis, comme plat principal, nous allons avoir

_____ poisson, _____ truite ou _____ saumon. Et _____

légumes, c'est sûr: _____ haricots verts, _____ épinards et _____ carottes.

Il faut aussi, bien sûr, _____ fromage, oui, un plateau de fromages variés: _____

camembert, _____ emmental, _____ brie et _____ chèvre. Pour finir,

les desserts: _____ gâteaux au chocolat, _____ fruits et _____ glace aux

framboises. Ah! j'ai oublié les boissons, _____ vin blanc avec le poisson et _____ eau

minérale, une grande bouteille d'Évian.

G **Au restaurant. Partie A.** Une dame commande un repas dans un restaurant. Avant d'écouter la conversation, répondez aux questions suivantes.

1. Qu'est-ce que le serveur va dire à la dame la première fois qu'il va lui parler?

_____

2. Quels sont trois légumes qu'elle va peut-être commander?

_____

Track 3-3

Partie B. D'abord écoutez la conversation plusieurs fois. Ensuite, répondez aux questions suivantes. Gardez la situation à l'esprit *(Keep... in mind)* pour anticiper ce que les protagonistes vont dire.

1. Qu'est-ce que la dame commande comme entrée?

_____

2. Qu'est-ce qu'elle prend comme plat principal?

_____

3. Qu'est-ce qu'elle prend comme légumes?

_____

BUT 1B

H **Le pauvre serveur!** Il reste peu de choses à manger et à boire au restaurant *Château du Pray,* parce que beaucoup de touristes y sont allés. Composez de petits dialogues entre les clients qui commandent les repas suivants et le serveur qui suggère d'autres choix. Suivez le modèle.

MODÈLE: poisson / viande
— *Vous avez du poisson?*
— *Je regrette, nous n'avons plus de poisson, mais nous avons de la viande.*

1. salade verte / salade de tomates

_____

_____

2. saumon / truite

_____

_____

3. petits pois / haricots verts

_____

_____

4. jus de pomme / jus d'orange

_____

_____

5. chèvre / brie

_____

_____

6. tarte aux pommes / fruits

_____

_____

BUT 1C

I **Au salon de thé.** Lisez la carte de ce salon de thé et indiquez par des phrases qui contiennent le verbe **prendre** ce que les personnes suivantes ont commandé. Suivez l'exemple.

MODÈLE: Les Laronde (#7 + #20) *prennent du thé à la menthe et une poire Belle Hélène.*

1. Ma belle-mère (#4) _____

Aux Délices d'Italie

Les boissons chaudes

1	Café express	2,50 €
2	Café crème	4,70 €
3	Café alsacien	6,50 €
4	Cappuccino	4,25 €
5	Chocolat	4,15 €
6	Thé nature	4,70 €
7	Thé à la menthe	4,70 €
8	Irish coffee	10,40 €
9	Thé au lait	5,00 €
10	Vin chaud	4,25 €

Choisissez, selon votre envie du moment.

Gourmandises

11	Croissant aux amandes	2,70 €
12	Pain au chocolat	2,80 €
13	Tartelette aux pommes	3,80 €
14	Truffe	2,40 €
15	Forêt noire	5,90 €

Glaces

16	Coupe glacée: 3 boules	6,35 €
17	Coupe glacée: 4 boules	7,50 €
18	Pêche melba	7,25 €
19	Banana split	7,85 €
20	Poire Belle Hélène	4,85 €

2. Les enfants de ma belle-sœur (#19) _____

3. Marc et moi, nous (#1 + #11) _____

4. Et toi, Hélène? Tu (#9) _____

5. Mes nièces (#5 + #12) _____

6. Et vous? Qu'est-ce que vous prenez? Moi, _____

_____

J Apprendre pour comprendre. Complétez chaque phrase avec (1) le pays où on trouve les villes indiquées et (2) la forme convenable des verbes **apprendre** et **comprendre**.

MODÈLE: Roland va bientôt aller travailler comme informaticien à Berlin, _en Allemagne._

Il _apprend_ l'allemand.

1. Wendy a étudié trois ans à Bruxelles, _____. Alors elle _____

le français et un peu le flamand.

2. Julio et Manuel, vous venez de passer un an à Montréal, _____, n'est-ce pas? Alors

vous _____ assez bien le français et l'anglais, non?

3. Bruno et son cousin vont travailler six mois cet hiver chez IBM à Madrid, _____. Alors

maintenant ils _____ l'espagnol.

4. Au printemps, des amis français vont faire un voyage à San Francisco, _____. Alors ils

_____ l'anglais.

5. Mes parents et moi, nous allons voir une tante à Tokyo, _____. Mais nous ne

_____ pas du tout le japonais.

6. Madame Robert, vous avez passé une année à Pékin, _____, n'est-ce pas? Alors, vous

_____ le chinois?

7. Et vous? Quelle(s) langue(s) apprenez-vous?

_____

8. Comprenez-vous très bien la grammaire? Qu'est-ce que vous ne comprenez pas bien?

_____

_____

BUT 2D

K Quelle quantité? Faites le choix convenable pour compléter les questions suivantes.

une assiette	*une tasse*	*des*	*un verre*
le paquet	*une bouteille*	*trop*	*un morceau*
une tranche			

MODÈLE: Vous voulez <u>*un verre*</u> de bière?

1. Encore _____ de vin?

2. Voulez-vous _____ de jambon?

3. Y a-t-il _____ de crudités sur la table?

4. Voulez-vous encore _____ frites?

5. Y a-t-il _____ de champagne pour le dessert?

6. Vous prenez _____ de café?

7. Où est _____ de bonbons?

8. Tu as mangé _____ de chocolat, hein? Maintenant tu es malade!

L Vous en voulez combien? Écoutez les descriptions des situations suivantes. Indiquez les quantités qui correspondent à chaque situation.

Track 3-4

1. trop de croissants   peu de croissants

2. une douzaine d'œufs   deux œufs

3. une tranche de jambon   une assiette de jambon

4. une bouteille de vin   un verre de vin

5. une boîte de petits pois   une douzaine de petits pois

BUT 2E

M La gastronomie et les saisons. Souvent, on choisit des boissons et des plats différents selon le temps qu'il fait. Complétez les phrases avec des choix de boissons et de plats qui conviennent à la saison. Utilisez les verbes **boire** et **manger** dans chaque phrase.

MODÈLE: Quand il fait chaud ... la plupart des étudiants <u>*boivent de la bière et (ils) mangent de la pizza.*</u>

Quand il fait froid ...

1. mes parents _____

2. ma sœur _____

Quand il fait très chaud ...

3. mes amis et moi, nous _____

4. mon (ma) camarade de chambre _____

Quand il fait beau et pas trop chaud ...

5. nos voisins _____

6. la plupart des étudiants américains _____

7. Et vous? Qu'est-ce que vous buvez et qu'est-ce que vous mangez quand il fait très froid? Quand il fait très

chaud? _____

_____

_____

BUT 3F

Ⓝ Qu'en pensez-vous? Donnez vos opinions sur les choses suivantes.

Que pensez-vous ...

MODÈLE: du fromage de chèvre?

Miam! Je le trouve très bon. ou *Berk! Je le trouve mauvais.* ou *Je le trouve assez bon.* _____

Que pensez-vous ...

1. du chocolat suisse?

_____

2. des Big Macs?

_____

3. du vin de Californie?

_____

4. de la bière mexicaine?

_____

5. des escargots *(snails)*?

_____

6. de la cuisine italienne?

_____

7. de la pizza aux anchois?

_____

BUT 3G

◉ C'est logique! Complétez les phrases avec les expressions suivantes.

avoir peur   *avoir raison*   *avoir tort*   *avoir soif*
avoir faim   *avoir froid*   *avoir sommeil*   *avoir chaud*

MODÈLE: En été, quand je joue au tennis et qu'il fait chaud, je bois souvent du coca parce que *j'ai soif.* _____

1. Pierre _____ parce qu'il n'a rien mangé.

2. En hiver je porte beaucoup de vêtements parce que _____.

3. Les coureurs *(runners)* du marathon boivent beaucoup d'eau parce qu'ils _____.

4. Mon petit frère regarde un film d'horreur. Qu'est-ce qu'il _____!

5. Si vous allez au Club Med à Marrakech en été, vous allez _____.

6. Thierry dit que Bruxelles est la capitale de la Belgique; il _____.

7. Par contre, David dit que Genève est la capitale de la Suisse; il _____.

8. Nous _____ parce que nous n'avons pas bien dormi hier soir.

Track 3-5

ℙ Quelle est la bonne réponse? Choisissez *(Choose)* la réponse qui correspond aux situations que vous entendez. Ensuite écoutez la bonne réponse.

1. a. Non, merci, je n'ai pas soif.
   b. Non, merci, je n'ai pas faim.

2. a. Oui, j'ai sommeil.
   b. Oui, vous avez sommeil.

3. a. La température est de 32° C.
   b. La température est de 0° C.

4. a. D'accord, Maman, tu as raison.
   b. Mais non, Maman, tu as tort.

5. a. Je n'ai pas envie d'y aller—j'ai peur.
   b. Je n'ai pas envie d'y aller—j'ai sommeil.

6. a. Je veux bien.
   b. Je vous en prie.

BUT 4H

ℚ Quelques préférences. Répondez négativement aux questions suivantes. Utilisez le verbe **aimer** avec un pronom complément d'objet direct, suivi d'un verbe de préférence. Suivez l'exemple.

MODÈLE: Tu aimes le champagne? (kir)

*Non, je ne l'aime pas beaucoup. Je préfère le kir.* _____

1. Tu aimes la salade de tomates? (la laitue)

_____

2. Est-ce que tu aimes le poisson? (la viande)

_____

3. Bernard aime la viande? (les légumes)

_____

4. Tes parents aiment le saumon? (la truite)

_____

5. Tu penses que le professeur aime le camembert? (le chèvre)

_____

6. Ton neveu aime la pizza? (le steak-frites)

_____

7. Est-ce que les étudiants aiment beaucoup l'orangina? (le coca)

_____

8. Est-ce que tu aimes les épinards? (les carottes)

_____

9. Maurice et toi, vous aimez les crêpes? (les gâteaux)

_____

INTÉGRATION

R **À la bonne franquette.** Stacey est une Américaine qui étudie en France. Elle invite quelques amis chez elle
Track 3-6 pour un repas à la bonne franquette *(a potluck dinner)*. Écoutez plusieurs fois les conversations des amis de Stacey
et choisissez les bonnes réponses.

Conversation 1: Qu'est-ce que Pascale et Georges décident d'apporter comme hors-d'œuvre?

a. des olives   b. des crudités   c. du pâté   d. de la salade de tomates

Conversation 2: Indiquez les trois plats principaux que Richard et Martin décident de **ne pas** apporter.

_____ du *lapin (rabbit)*   _____ du poisson

_____ du jambon   _____ du bœuf

_____ du poulet   _____ du porc

Conversation 3: Indiquez tout ce que Sam et Anne vont apporter comme dessert.

_____ des bonbons   _____ de la glace

_____ du fromage   _____ des pâtisseries

_____ des fruits

S **À vous.** Fermez vos livres. Répondez aux questions à l'oral et à l'écrit! Vous allez entendre les questions deux
Track 3-7 fois. Répondez après la deuxième répétition.

1. _____

2. _____

3. _____

4. _____

5. _____

6. _____

7. _____

8. _____

9. _____

10. _____

11. _____

RÉDACTION

T Vos préférences. Pour continuer le dialogue avec votre ami suisse, Bruno, vous écrivez un e-mail sur vos préférences.

• D'abord, répondez aux questions suivantes.

1. **Les choses à manger:** Qu'est-ce que vous préférez manger d'habitude?

• De la viande ou du poisson?

Je préfère manger de la viande. J'aime beaucoup le poulet. _____

• De la soupe ou des crudités?

_____

• De la glace au chocolat ou de la glace à la vanille?

_____

• Un sandwich au jambon ou un sandwich au beurre de cacahuète?

_____

2. **Les boissons:** Quelles boissons préférez-vous?

• Le coca classique ou le pepsi?

_____

• Le vin rouge ou le vin blanc?

_____

• Le thé ou le café?

_____

3. **Les loisirs** *(Leisure activities):* Que préférez-vous faire quand vous avez un peu de temps libre?

• Faire des devoirs à la bibliothèque ou faire du sport?

_____

• Parler avec des amis ou faire une promenade seul(e)?

_____

- Lire un roman ou regarder la télévision?

  _____

- Maintenant, composez votre e-mail à Bruno. Commencez par lui demander comment il va, s'il a beaucoup de travail, etc. Ensuite, parlez-lui de vos goûts: (1) la nourriture; (2) les boissons; (3) vos activités de loisir.

  _____

  _____

  _____

  _____

  _____

  _____

  _____

  _____

  _____

  _____

  _____

  _____

  _____

CHAPITRE 9

Où est-ce que ça s'achète?

CONVERSATION

A **Où sommes-nous?** Identifiez le(s) magasin(s) où on peut entendre les conversations suivantes.

MODÈLE: —Bonjour, Madame, vous avez le *Herald Tribune*?
—Oui, Monsieur. Le voilà.

On est au bureau de tabac.   ou   *On est au kiosque à journaux.*

1. —Monsieur, vous désirez?
   —C'est combien, ces cartes postales?
   —Un euro la carte.

   _____

2. —Pardon, Madame. Vous avez de l'aspirine?
   —Oui, bien sûr, Monsieur.

   _____

3. —Ah! j'aime beaucoup ce blouson gris.
   —Cinquante-cinq euros, ce n'est pas cher!
   —Pas du tout.

   _____

4. —Pouvez-vous me dire où se trouve le riz?
   —Là-bas, à droite, Mademoiselle.

   _____

5. —Madame?
   —Je voudrais un croissant et un pain, s'il vous plaît.

   _____

6. —Est-ce que vous avez ce maillot en gris?
   —Oui, Madame. Et aussi en bleu et en beige.

   _____

7. —Un paquet de cigarettes.
   —Cinq euros cinquante centimes, Monsieur.

   _____

PRONONCIATION

B Le son [R]. Say the words listed below after you hear the exercise number. Then listen to the words on the recording and repeat what you hear.

MODÈLE: You hear: 1
You say: **rouge**
You hear: rouge
You repeat: **rouge**

1. rouge
2. propre
3. Robert
4. la gare
5. le grade

6. la droite
7. mon frère
8. quatre
9. je crois
10. bonjour

Buts communicatifs

BUT 1A

C Au marché aux puces *(At the flea market).* Imaginez que vous vous promenez au marché aux puces à Paris et que vous entendez différentes conversations quand vous passez près d'autres personnes. Complétez les phrases suivantes avec les formes convenables des verbes indiqués. (**Attention!** *P* = Présent; *PC* = Passé composé)

MODÈLE: *(perdre / PC)* Hier, Odile __a perdu__ ses livres.

1. *(vendre / P)*   Oh là là! On _____ toutes sortes de choses ici!

2. *(vendre / PC)*   Voici le vendeur qui _____ un tee-shirt à Marc.

3. *(rendre / P)*   Je _____ ce jean au vendeur: il est trop petit.

4. *(ne ... pas perdre / PC)*   J'espère que tu _____ le reçu *(receipt).*

5. *(vendre / P)*   Nous _____ seulement de la bonne qualité, Madame.

6. *(répondre / P)*   Qu'il est bête! Il ne _____ pas à mes questions.

7. *(ne ... pas entendre / PC)*   Je _____ ce monsieur.

8. *(descendre / attendre / P)*   Nous _____ en ville à pied ou nous

_____ le bus?

D Qu'est-ce que vous faites en cours? Répondez aux questions suivantes par des phrases complètes.

1. D'habitude, en cours, est-ce que vous répondez aux questions en anglais ou en français?

_____

2. Est-ce que vous entendez bien le professeur quand il/elle parle?

_____

3. Est-ce que vous rendez vos devoirs à l'heure?

_____

4. Est-ce qu'il y a des étudiants qui rendent leurs devoirs en retard?

_____

5. Est-ce que le professeur perd patience quand les étudiants rendent leurs devoirs en retard?

_____

6. Et vous? Perdez-vous patience quelquefois?

_____

7. Par exemple, attendez-vous vos amis quand ils sont en retard?

_____

8. Est-ce que vous rendez souvent visite à vos grands-parents?

_____

9. Est-ce que vous perdez souvent vos livres?

_____

10. Avez-vous déjà travaillé comme vendeur (vendeuse)?

_____

BUT 2

E Les parties du corps. Regardez le dessin et nommez les parties du corps indiquées, sans consulter votre livre.

1. _____   7. _____

2. _____   8. _____

3. _____   9. _____

4. _____   10. _____

5. _____   11. _____

6. _____   12. _____

F **Qu'est-ce qu'ils ont?** Complétez les phrases suivantes avec une de ces expressions. Faites attention aux accords en genre et en nombre.

déçu	mal aux bras	mal à l'estomac	mal aux pieds
déprimé	mal au dos	mal aux jambes	qui coule
heureux	mal aux épaules	mal aux yeux	de la fièvre

MODÈLE: Olivier a mangé trop de bonbons. Il a _mal à l'estomac._

1. Dis donc! Tu travailles sur l'ordinateur depuis ce matin! Tu n'as pas __mal aux yeux__?

2. Non, mais j'ai un rhume. J'ai le nez __qui coule__.

3. Moi, j'ai __mal aux jambes__, __(mal au dos?)__ et __mal aux pieds__.

   J'ai participé à un triathlon hier après-midi.

4. Tu as vu Annick? Elle est __déçue__. Le facteur (*mailman*) n'a pas apporté la lettre

   qu'elle attend.

5. Non, mais j'ai vu Pierre et ses amis. Ils ont perdu le match de foot. Ils sont très

   __déprimés__.

6. Par contre, Isabelle est très __heureuse__. Elle a eu une bonne note en maths.

7. En plus, elle a fait du vélo tout l'après-midi. Maintenant, elle a __(mal aux épaules?)__.

8. Ma sœur, Thérèse, n'y a pas participé. Elle a eu la grippe. Elle a eu __mal à l'estomac__.
   __(de la fièvre?)__

G **Dessinez (*Draw*) un personnage!**

Track 3-9

Dessinez un personnage selon les instructions que vous entendez. Dessinez chaque partie du corps comme indiquée. Vous pouvez arrêter l'enregistrement après chaque instruction si vous voulez.

❏ Dessinez un corps assez long.

BUT 2B

H **Chez le médecin.** Le médecin veut savoir la durée *(length)* de chaque maladie. Écrivez le dialogue entre le médecin et ses clients. Employez **depuis, depuis quand** ou **depuis combien de temps.**

    MODÈLE: Victor / estomac / deux semaines

        MÉDECIN: *Depuis combien de temps as-tu mal à l'estomac?*

        VICTOR: *J'ai mal à l'estomac depuis deux semaines.*

    MODÈLE: Madame Cointreau / grippe / vendredi dernier

        MÉDECIN: *Depuis quand avez-vous la grippe?*

    MME COINTREAU: *J'ai la grippe depuis vendredi dernier.*

1. Rachid / gorge / deux jours

_____

_____

2. Mademoiselle Rouault / tête / ce matin

_____

_____

3. Julie / genou / février dernier

_____

_____

4. Monsieur Cortot / pieds / jeudi

_____

_____

5. Christophe / yeux / deux mois

_____

_____

BUT 3

I **De quoi a-t-on besoin?** Demandez de quoi on a besoin dans les circonstances suivantes et donnez une réponse.

    MODÈLE: avoir envie de lire

        De quoi a-t-on besoin si on a envie de lire?

        On a besoin d'un bon livre _____ ou *On a besoin d'aller à la bibliothèque.*

1. avoir mal à la gorge

_____

_____

2. avoir l'air fatigué

_____

_____

3. avoir faim

_____

_____

4. avoir froid

_____

_____

5. avoir soif

_____

_____

BUT 3C

J Les petits magasins. Nommez les petits magasins où on peut acheter les produits suivants en France.

MODÈLE: le pain / on *On achète du pain à la boulangerie.*

1. les livres / nous _____

2. la viande / ma mère _____

3. l'eau minérale / je_____

4. les fleurs / mon père _____

5. les épinards / Madame Richard _____

6. les cigarettes / les fumeurs _____

7. les saucisses / vous _____

8. les croissants / les Français_____

9. les haricots verts / ma famille _____

10. le poulet / tu _____

K Définitions. Choisissez le mot de la liste suivante qui correspond le mieux à chaque définition donnée.

l'argent	le billet	la monnaie
la carte bancaire	le chèque	coûter
une pièce	la librairie	payer

MODÈLE: C'est de l'argent en papier.
          le billet

1. C'est un rectangle de plastique qu'on utilise pour payer ce qu'on achète sur le web.

_____

2. C'est un verbe qu'on utilise pour demander combien d'argent il faut donner pour acheter quelque chose.

_____

3. C'est l'argent qu'on vous rend quand vous avez acheté quelque chose.

_____

4. C'est quelque chose dont on a besoin pour acheter des choses, du pain par exemple.

_____

5. C'est un objet rectangulaire en papier. On y écrit combien d'argent on doit payer.

_____

6. C'est donner de l'argent en échange de quelque chose.

_____

L **La liste des courses.** Complétez la liste suivante avec une quantité logique.

MODÈLE: _une barquette_____ de fraises

2 _____ de bananes

3 _____ de Perrier

1 _____ de fleurs

4 _____ de Coca-light

1 _____ de sucre

2 _____ d'oranges

Track 3-10

M **Mais c'est trop cher! Partie A.** En rentrant du travail, Alix s'arrête dans un magasin différent chaque jour. Écoutez les conversations qu'elle entend et notez le magasin qu'elle visite chaque jour dans la première colonne *(où?)* de la grille ci-dessous. Les notes pour lundi peuvent vous servir d'exemple.

jour	où?	quoi?	Prix à l'unité?
lundi	*la boulangerie*	*des croissants*	*80 centimes/pièce*
mardi			
mercredi			
jeudi			
vendredi			

Partie B. Écoutez les conversations encore une fois. Écrivez le nom du produit qu'on vend dans chaque magasin dans la deuxième colonne de la grille ci-dessus et combien ce produit coûte à l'unité dans la troisième colonne.

Partie C. Maintenant, vous allez entendre des questions à propos des magasins, des produits et des prix *(prices)*. Utilisez ce que vous avez écrit dans la grille pour répondre aux questions. Après votre réponse, vous allez entendre la réponse juste.

BUT 3D

N **Que de répétitions!** Évitez la répétition des mots soulignés en utilisant le pronom relatif **qui.**

MODÈLE: J'ai mangé un steak. <u>Ce steak</u> m'a rendu malade.

J'ai mangé un steak qui m'a rendu malade.

1. Marc t'a apporté le cadeau. <u>Ce cadeau</u> est sur la table.

2. Faites attention au chien. <u>Ce chien</u> est très méchant.

3. Les étudiants ont des difficultés à vivre. <u>Ces étudiants</u> sont pauvres.

4. Cesarino mange beaucoup de fromage. <u>Cesarino</u> est italien.

5. Le manteau est à toi? <u>Ce manteau</u> est sur le sofa.

6. Va voir «La Joconde» (*Mona Lisa*). <u>«La Joconde»</u> est au musée du Louvre.

O **À la terrasse d'un café.** Complétez les phrases par le pronom relatif **que** ou **qu'.**

MODÈLE: Le bouquet de roses _que_ tu m'as apporté est absolument superbe.

1. L'écrivain _____ nous préférons est Michel Tournier.

2. La maison _____ il veut acheter est trop petite.

3. Le jour de la semaine _____ je préfère est le samedi.

4. Le livre _____ vous avez lu est très beau.

5. L'argent _____ elle me donne est bien suffisant.

6. Vous pouvez lire le livre _____ ma mère m'a envoyé.

P **Renseignements.** Complétez les phrases suivantes en employant le pronom relatif **qui** ou **que.**

MODÈLE: Nos amis _qui_ viennent de s'installer en ville ont une fille.

1. Le pull _____ vous avez acheté est magnifique.

2. L'ordinateur _____ est sur mon bureau est assez vieux.

3. Mon père aime beaucoup le livre _____ tu lui as envoyé.

4. L'étudiante _____ j'ai rencontrée hier est tombée malade.

5. Mon frère _____ habite à Lille fait du sport.

6. Cette montre? C'est mon mari _____ me l'a donnée.

7. Les femmes adorent Brad Pitt _____ a des yeux bleus magnifiques.

8. Le roman _____ tu as pris est de Balzac.

9. J'ai retrouvé le stylo _____ le professeur a perdu.

10. Ma sœur _____ va passer son examen demain étudie beaucoup.

INTÉGRATION

Q La pharmacie et le bureau de tabac. Vous allez entendre la description d'une pharmacie et d'un bureau de tabac en France.

Partie A. Avant d'écouter, faites les activités suivantes.

1. Nommez <u>deux</u> produits qu'on trouve à la pharmacie et <u>un</u> produit qu'on n'y trouve pas.

_____

2. Nommez <u>deux</u> produits qu'on trouve au bureau de tabac et <u>un</u> produit qu'on n'y trouve pas.

_____

Track 3-11

Partie B. D'abord, écoutez la conversation sans écrire. Pensez aux questions suivantes: «Qui sont les personnages?», «Où sont-ils?», «Qu'est-ce qu'ils font?» pour prédire *(predict)* ce qu'ils disent et pour mieux anticiper la conversation. Maintenant, écoutez la conversation encore une fois et écrivez les mots et les expressions qui manquent *(that are missing)*. Finalement, relisez le texte et vérifiez l'orthographe et la grammaire.

En France, _____ journaux. Aux

_____ on _____ acheter des journaux _____.

Si _____ timbres _____

_____ France, ou si _____ _____ journal ou _____

_____, il faut _____. On _____ aussi

_____ _____, mais _____ médicaments.

Track 3-12

R À vous. Fermez vos livres. Répondez aux questions à l'oral et à l'écrit! Vous allez entendre les questions deux fois. Répondez après la deuxième répétition.

1. _____
2. _____
3. _____
4. _____
5. _____
6. _____
7. _____
8. _____

🔊 **S De quelle maladie parle-t-on?** Choisissez la condition médicale qui correspond à chaque description que
Track 3-13 vous entendez. Écoutez les descriptions plusieurs fois si nécessaire.

1. le SIDA *(AIDS)*   ou   la bronchite

2. la varicelle *(chicken pox)*   ou   une crise cardiaque

3. le cancer   ou   la pneumonie

4. un rhume   ou   la rougeole *(measles)*

5. une angine *(strep throat)*   ou   le cancer

6. mal à la gorge   ou   mal aux pieds

RÉDACTION

T Le guide des magasins de chez nous. Écrivez un guide des magasins de votre ville pour aider les touristes francophones. Parlez de certains magasins qu'ils vont voir et mentionnez ce qu'on vend dans ces magasins.
Indiquez aussi combien coûtent une ou deux choses qu'ils vont trouver dans les magasins que vous mentionnez.

Première partie

Répondez aux questions suivantes.

1. Mentionnez trois magasins près de chez vous.

_____

2. Qu'est-ce qu'on vend dans ces magasins (deux choses par magasin)?

_____

_____

3. Quel(s) magasin(s) préférez-vous? Pourquoi?

_____

_____

4. Est-ce qu'il y a un magasin que vous n'aimez pas? Pourquoi?

_____

_____

Deuxième partie

Maintenant écrivez votre guide.

_____

_____

_____

_____

_____

CHAPITRE 10

Dans la rue et sur la route

CONVERSATION

A **En ville, en voiture.** Regardez le plan de cette ville et indiquez comment on peut aller en voiture du point «A» au point «B».

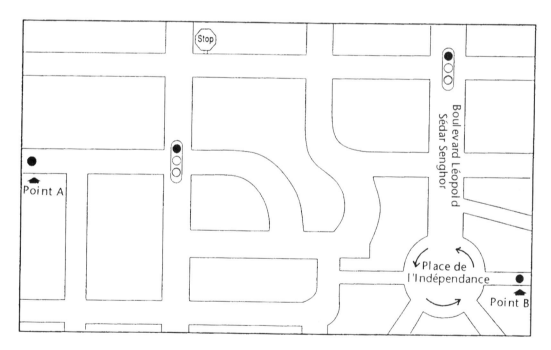

Du point «A» ...	allez tout droit / tournez à droite	... jusqu'au feu rouge.
Au feu rouge ...	tournez à gauche / allez tout droit	... et allez jusqu'au stop.
Au stop ...	prenez à gauche / tournez à droite	... et continuez jusqu'au feu du boulevard Léopold Sédar Senghor.
Au boulevard Léopold Sédar Senghor ...	tournez à droite / à gauche	... et continuez jusqu'à la place de l'Indépendance.
À la place de l'Indépendance ...	prenez la deuxième / quatrième rue	... et vous êtes au point «B».

B **Ça veut dire la même chose.** Pour chaque expression de la colonne de gauche, trouvez une expression de la colonne de droite qui veut dire la même chose.

1. Excusez-moi. _____

2. Ma chérie. _____

3. Pas de commentaire! _____

4. Elle prend le volant. _____

5. Prends la rue à gauche! _____

6. Tu n'arrêtes pas de parler! _____

7. C'est promis. _____

8. Mon chéri. _____

a. Tourne à gauche!

b. Tais-toi!

c. Pardon.

d. Mon cœur.

e. Ma puce.

f. Elle va conduire.

g. D'accord.

h. Tu ne me laisses pas tranquille!

PRONONCIATION

C **h muet et h aspiré.** **Partie A.** Read the pronunciation section for Chapter 10 of *Entre amis*. Then listen to the words and indicate whether they contain a mute [h] or an aspirate [h] sound.

Track 3-14

You hear: l'heure
You check: **h muet**

	h *muet*	h *aspiré*
Modèle	X	
1.		
2.		
3.		
4.		
5.		
6.		
7.		
8.		
9.		
10.		

Partie B. After you hear the exercise number, say the corresponding words below. Listen to the words on the audio. Then repeat what you hear.

Example: You hear: 1
             You say: **les huit enfants**
             You hear: les huit enfants
             You repeat: **les huit enfants**

1. les huit enfants

2. les haricots verts

3. la bibliothèque

4. C'est un homme qui est heureux.

5. D'habitude, je bois du thé à deux heures.

Buts communicatifs

BUT 1A

D **Propositions et excuses.** Complétez les phrases avec les formes convenables des verbes **vouloir** et **pouvoir**.

MODÈLE: Tu _veux_ aller au cinéma ce soir?

Non, je ne _peux_ pas, j'ai un examen d'histoire demain.

1. —Tu _____ venir manger avec nous au café Pierre ce soir?

—Zut! Je ne _____ pas. J'ai une dissertation à écrire.

2. —Sékou et Jacques, _____ -vous venir chez nous plus tard?

—Non, nous ne _____ pas. Nous avons des devoirs à faire.

3. —Tu as entendu? Abdou et Carine _____ aller à la plage. Toi, tu

_____ y aller aussi?

—Non, je regrette. Je ne _____ pas.

4. —Est-ce que Marianne et Alissa _____ nager aussi?

—Non, elles ne _____ pas. Elles sont toutes les deux malades.

5. —Mais Jacqueline et moi, nous _____ bien y aller.

_____ -nous vous accompagner?

6. —Chouette, nous _____ y aller ensemble en voiture.

E **Mais c'est vrai!** **Partie A.** Imaginez que vous êtes père ou mère de famille. Vous appelez vos enfants à table, mais ils ne veulent pas venir parce qu'ils jouent sur l'ordinateur. Quelles excuses allez-vous accepter?

Track 3-15

acceptable   *pas acceptable*   *acceptable*   *pas acceptable*

1. _____   _____   4. _____   _____

2. _____   _____   5. _____   _____

3. _____   _____

Partie B. Votre colocataire n'aime pas faire le ménage et vous donne des excuses. Quelles excuses allez-vous accepter?

acceptable   *pas acceptable*   *acceptable*   *pas acceptable*

1. _____   _____   4. _____   _____

2. _____   _____   5. _____   _____

3. _____   _____

Partie C. Imaginez que vous êtes propriétaire d'une entreprise et quelques-uns de vos employés arrivent toujours en retard. Quelles excuses allez-vous accepter?

acceptable   *pas acceptable*   *acceptable*   *pas acceptable*

1. _____   _____   4. _____   _____

2. _____   _____   5. _____   _____

3. _____   _____

F **Mais c'est vrai!** **(suite).** **Partie A.** Maintenant vous allez entendre une excuse de chaque groupe de l'activité E. Répétez l'excuse pendant la pause. Vous allez avoir l'occasion de répéter l'excuse deux fois.

Track 3-16

1. —À table!

—_____.

2. —Quand vas-tu faire le ménage?

—_____.

3. —Simonet, vous êtes en retard pour la troisième fois cette semaine!

—_____.

Partie B. Écoutez les excuses de l'activité E encore une fois. Indiquez dans la grille suivante quelles excuses vous avez déjà utilisées dans des situations similaires.

	jamais	*une fois*	*plus d'une fois*	*souvent*
A. 1.				
2.				
3.				
4.				
5.				

126 **Entre amis Student Activities Manual**

	jamais	*une fois*	*plus d'une fois*	*souvent*
B. 1.				
2.				
3.				
4.				
5.				

	jamais	*une fois*	*plus d'une fois*	*souvent*
C. 1.				
2.				
3.				
4.				
5.				

BUT 2B, 2C

G Une éducation globale. Utilisez la forme convenable du verbe **connaître** et un pronom complément d'objet direct pour répondre aux questions. Suivez le modèle.

MODÈLE: *la place de la Concorde* —Connais-tu cette place?

— *Non, je ne la connais pas.*

1. *Charlotte Gainsbourg* —Est-ce que vous connaissez cette femme?

—_____

2. *Léopold Sédar Senghor* —Est-ce que vous connaissez cet homme?

—_____

3. *le beaujolais* —Est-ce que votre mère connaît ce vin?

—_____

4. *«L'Étranger»* —Est-ce que la plupart des étudiants américains connaissent ce roman?

—_____

5. *Jean-Paul Sartre* —Est-ce que la plupart des Américains connaissent cet homme?

—_____

6. *la Côte d'Ivoire* —Est-ce que vous et vos camarades de classe connaissez ce pays?

—_____

7. *Marion Cotillard* —Est-ce qu'on connaît Marion Cotillard aux États-Unis?

—_____

BUT 2C

H **Pour mieux** *(better)* **vous connaître.** Répondez aux questions en remplaçant les expressions en italique par **le, la, l'** ou **les.**

MODÈLE: Connaissez-vous bien la ville de *la Nouvelle-Orléans*?

— *Oui, je la connais bien.* ou *Non, je ne la connais pas (bien)*

MODÈLE: Où faites-vous *vos devoirs*?

— *Je les fais dans ma chambre.*

1. Faites-vous *vos devoirs* le soir ou l'après-midi?

   _____

2. Est-ce que vous écoutez *la radio* quand vous travaillez?

   _____

3. Regardez-vous quelquefois *la télé* le soir?

   _____

4. Quand lisez-vous *le journal*?

   _____

5. Où prenez-vous *le petit déjeuner*?

   _____

6. Connaissez-vous *les autres étudiants de votre classe de français*?

   _____

7. Connaissez-vous bien *les profs de vos cours*?

   _____

8. Connaissez-vous *la famille de votre professeur de français*?

   _____

9. Est-ce que vous consultez *le dictionnaire* quand vous allez à la bibliothèque?

   _____

10. Est-ce que vous prenez *le bus* pour aller au campus?

    _____

❶ Des excuses, des excuses. Donnez des excuses pour expliquer pourquoi on ne peut pas faire les choses suivantes. Utilisez les expressions de la liste et remplacez les mots en italique par un pronom.

Excuses possibles:

aller au cinéma
écouter des CD
jouer au tennis
se lever tard le matin

parler avec son (sa) petit(e) ami(e)
passer un examen demain
porter un jean
prendre un avion

regarder la télé
rester à la maison
sortir avec des amis
? (d'autres expressions de votre choix)

MODÈLE: Clément ne veut pas faire *ses devoirs* de français.

— *Il ne veut pas les faire parce qu'il préfère sortir avec des amis.*

1. Enzo ne veut pas étudier *les maths.*

_____

_____

2. Mon frère ne veut pas faire *la vaisselle* maintenant.

_____

_____

3. Alissa et Mustapha ne veulent pas faire *le ménage.*

_____

_____

4. David ne veut pas attendre *sa sœur.*

_____

_____

5. Florent et Raphaël ne veulent pas écrire *leurs dissertations.*

_____

_____

6. Vous ne voulez pas voir *votre tante Laurence.*

_____

_____

7. Tu ne veux pas prendre *le train.*

_____

_____

8. Mimi ne veut pas porter *sa nouvelle robe.*

_____

_____

9. Quelques étudiants ne veulent pas passer *l'examen* aujourd'hui.

_____

_____

J **Ce week-end.** Quelques amis discutent de ce qu'ils vont faire ce week-end. Utilisez l'information entre parenthèses et les compléments d'objet directs (OD) **me, te, nous** ou **vous** pour répondre aux questions.

MODÈLE: Qui veut nous connaître? (Amélie / vouloir / OD / connaître)

— _Amélie veut vous connaître._ _____

1. Qui vous invite au restaurant? (Marc / OD / inviter / au restaurant)

_____

2. Est-ce qu'il te connaît bien? (oui / il / OD / connaître bien)

_____

3. Où est-ce que tu m'invites ce week-end? (je / OD / inviter / au cinéma)

_____

4. Je peux t'aider à choisir le film? (oui / tu / pouvoir / OD / aider…)

_____

5. Sara, tu nous retrouves au cinéma? (non / je / ne…pas / pouvoir / OD / retrouver; / je / travailler jusqu'à 9 heures)

_____

6. Tu nous appelles après le film alors? (oui / à quelle heure / est-ce que / je / OD / appeler?)

_____

7. Attends… Nous allons t'appeler. C'est plus facile, non? (oui / vous / pouvoir / OD / appeler)

_____

8. Entendu! Nous allons boire un verre ensemble. Je vous invite tous *(all of you)*, d'accord? (Oui / si / tu / OD / inviter / c'est avec plaisir!)

_____

🔊
Track 3-17

K **Qu'est-ce qu'il a dit?** Vous entendez des conversations pendant une soirée. Écoutez-les et indiquez de quoi les personnes parlent.

MODÈLE: ⟨le mari de Jaqueline⟩
les parents de Jaqueline
les sœurs de Jaqueline

1. un pantalon
une cravate
des lunettes de soleil

2. des escargots
une tarte
du gruyère

3. une maison
une voiture
un ordinateur

4. le coca
le thé
la bière

BUT 3D

L **À l'auto-école avec papa.** Ophélie apprend à conduire à l'auto-école. Son père l'accompagne toujours à ses cours. Et chaque fois qu'Ophélie conduit la voiture, il répète les phrases du moniteur *(driving instructor)*. Écrivez les phrases du père d'Ophélie à l'impératif.

MODÈLE: MONITEUR: Vous allez <u>prendre</u> le volant.

PÈRE: *Prends le volant, ma puce!*

MONITEUR: Nous devons <u>attacher</u> la ceinture de sécurité.

PÈRE: *Attachons la ceinture de sécurité, chérie!*

MONITEUR: Vous allez <u>regarder</u> dans le rétroviseur.

PÈRE: _____

MONITEUR: Prête? Alors nous pouvons <u>partir</u>.

PÈRE: _____

MONITEUR: Vous devez <u>être</u> prudente.

PÈRE: _____

MONITEUR: Nous allons <u>conduire</u> lentement.

PÈRE: _____

MONITEUR: Vous allez <u>tourner</u> à droite.

PÈRE: _____

MONITEUR: Puis vous allez <u>continuer</u> tout droit jusqu'au feu.

PÈRE: _____

MONITEUR: Vous <u>prenez</u> la première rue à gauche.

PÈRE: _____

MONITEUR: Au stop vous allez <u>faire attention</u> aux autres voitures.

PÈRE:	_____
MONITEUR:	Bon, nous allons <u>arrêter</u> la voiture ici.
PÈRE:	_____
MONITEUR:	La prochaine fois, Mademoiselle, il ne faut pas <u>venir</u> avec votre père.
PÈRE:	_____

Ⓜ Une nouvelle voiture. Monsieur Ferrier est sévère. Il répète toujours les ordres de sa femme à ses enfants à l'impératif. Écrivez ses phrases d'après l'exemple.

MODÈLE: MADAME FERRIER: Il faut faire attention.

               MONSIEUR FERRIER: *Faites attention!* _____

               MADAME FERRIER: Vous n'allez pas crier dans la voiture.

               MONSIEUR FERRIER: *Ne criez pas dans la voiture!* _____

1.   MADAME FERRIER: Il ne faut pas faire de bruit.

               MONSIEUR FERRIER: _____

2.   MADAME FERRIER: On ne doit pas chanter dans la voiture.

               MONSIEUR FERRIER: _____

3.   MADAME FERRIER: Vous allez être patients avec votre oncle, d'accord?

               MONSIEUR FERRIER: _____

4.   MADAME FERRIER: Vous ne mangez pas dans la voiture.

               MONSIEUR FERRIER: _____

5.   MADAME FERRIER: Vous ne buvez pas non plus.

               MONSIEUR FERRIER: _____

6.   MADAME FERRIER: Vous allez dormir un peu.

               MONSIEUR FERRIER: _____

7.   MADAME FERRIER: Vous allez garder la voiture très propre.

               MONSIEUR FERRIER: _____

8.   MADAME FERRIER: Mélanie, quand maman conduit, tu ne te lèves pas.

               MONSIEUR FERRIER: _____

9.   MADAME FERRIER: Et toi, Nicolas, tu dois être prêt. C'est promis?

               MONSIEUR FERRIER: _____

🔊 **N** **Qu'est-ce que vous suggérez?** **Partie A.** Tout le monde aime donner des conseils. Écoutez les conseils
Track 3-18 suivants et indiquez la personne qui vous les donnerait *(would give them to you)*.

1. a. votre père   b. votre professeur
2. a. votre mari (votre femme)   b. votre petite sœur
3. a. votre camarade de chambre   b. votre mère
4. a. votre petit frère   b. votre frère aîné *(older)*

Partie B. Now decide who might be on the *receiving* end of the following pieces of advice.

1. a. votre père   b. votre professeur
2. a. votre mari (votre femme)   b. votre petite sœur
3. a. votre camarade de chambre   b. votre mère
4. a. votre secrétaire   b. un agent de police

BUT 3E

🎯 **Les bons et les mauvais conseils.** Que disent la bonne et la mauvaise consciences dans les circonstances
suivantes? Employez la forme **tu** et un pronom complément d'objet.

	La bonne conscience:	La mauvaise conscience:
MODÈLE: Attacher ou ne pas attacher ma ceinture de sécurité?	*Attache-la!*	*Ne l'attache pas!*
1. Dépasser ou ne pas dépasser la limite de vitesse?		
2. Faire ou ne pas faire le ménage?		
3. Manger ou ne pas manger tous les bonbons au chocolat?		
4. Acheter ou ne pas acheter ce nouveau jean?		
5. Fumer ou ne pas fumer ces cigarettes?		
6. Envoyer ou ne pas envoyer cet e-mail à mes parents?		

BUT 3F

📄 **Tour de France 2010.** Regardez le classement final du Tour de France cycliste de l'année 2010 à la page suivante et écrivez des phrases d'après l'exemple.

MODÈLE: (#1) _Alberto Contador, un Espagnol, est premier._____

1. (#2) _____
2. (#4) _____
3. (#5) _____
4. (#9) _____
5. (#10) _____
6. (#11) _____
7. (#12) _____
8. (#23) _____
9. (#32) _____
10. (#38) _____

Pos.	Nom	Nat.	Équipe	Temps	
1	Alberto Contador	(ESP)	Astana	91:58:48	
2	Andy Schleck	(LUX)	Saxo Bank	91:59:27	+ 00:00:39
3	Denis Menchov	(RUS)	Rabobank	92:00:49	+ 00:02:01
4	Samuel Sánchez	(ESP)	Euskaltel	92:02:28	+ 00:03:40
5	Jurgen Van den Broeck	(BEL)	Omega Pharma - Lotto	92:05:42	+ 00:06:54
6	Robert Gesink	(NED)	Rabobank	92:08:19	+ 00:09:31
7	Ryder Hesjedal	(CAN)	Garmin	92:09:03	+ 00:10:15
8	Joaquim Rodríguez	(ESP)	Katusha	92:10:25	+ 00:11:37
9	Roman Kreuziger	(CZE)	Liquigas	92:10:42	+ 00:11:54
10	Chris Horner	(USA)	RadioShack	92:10:50	+ 00:12:02
11	Luis León Sánchez	(ESP)	Movistar	92:13:09	+ 00:14:21
12	Rubén Plaza	(ESP)	Movistar	92:13:17	+ 00:14:29
13	Levi Leipheimer	(USA)	RadioShack	92:13:28	+ 00:14:40
14	Andreas Klöden	(GER)	RadioShack	92:15:24	+ 00:16:36
15	Nicolas Roche	(IRL)	AG2R	92:15:47	+ 00:16:59
16	Alexandre Vinokourov	(KAZ)	Astana	92:16:34	+ 00:17:46
17	Thomas Lovkvist	(SWE)	Team Sky	92:19:34	+ 00:20:46
18	Kevin De Weert	(BEL)	Quick-Step	92:20:42	+ 00:21:54
19	John Gadret	(FRA)	AG2R	92:22:52	+ 00:24:04
20	Carlos Sastre	(ESP)	Cervélo	92:25:25	+ 00:26:37
21	Daniel Moreno	(ESP)	Omega Pharma - Lotto	92:28:26	+ 00:29:38
22	Christophe Moreau	(FRA)	Movistar	92:32:49	+ 00:34:01
23	Lance Armstrong	(USA)	RadioShack	92:38:08	+ 00:39:20
24	Bradley Wiggins	(ENG)	Team Sky	92:38:12	+ 00:39:24
25	Sandy Casar	(FRA)	FDJ	92:44:40	+ 00:45:52
26	Cadel Evans	(AUS)	BMC Racing	92:49:15	+ 00:50:27
27	Julien El Farès	(FRA)	Cofidis	92:52:10	+ 00:53:22
28	Christophe Riblon	(FRA)	AG2R	92:54:01	+ 00:55:13
29	Damiano Cunego	(ITA)	Lampre	92:55:41	+ 00:56:53
30	Johan Van Summeren	(BEL)	Garmin	92:57:41	+ 00:58:53
31	Sylvain Chavanel	(FRA)	Quick-Step	92:58:05	+ 00:59:17
32	Ivan Basso	(ITA)	Liquigas	92:58:21	+ 00:59:33
33	Mario Aerts	(BEL)	Omega Pharma - Lotto	93:01:24	+ 01:02:36
34	Vladimir Gustov	(UKR)	Cervélo	93:08:39	+ 01:09:51
35	Juan Manuel Gárate	(ESP)	Rabobank	93:08:51	+ 01:10:03
36	Gorka Verdugo	(ESP)	Euskaltel	93:08:57	+ 01:10:09
37	Michael Rogers	(AUS)	HTC - Highroad	93:08:59	+ 01:10:11
38	Rémi Pauriol	(FRA)	Cofidis	93:09:40	+ 01:10:52
39	Kanstantsin Siutsou	(BLR)	HTC - Highroad	93:12:07	+ 01:13:19
40	Egoi Martínez	(ESP)	Euskaltel	93:17:57	+ 01:19:09

⊙ Au bureau d'informations. Vous travaillez au Louvre, à Paris. Regardez le plan et l'endroit où vous êtes et donnez les directions aux personnes suivantes.

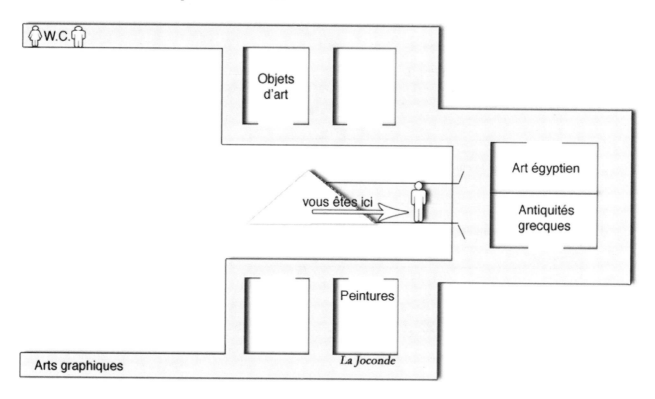

MODÈLE: Pardon, la salle des objets d'art, s'il vous plaît?

Eh bien, tournez à gauche et ensuite encore à gauche. Allez tout droit.

C'est la deuxième salle à droite.

1. Je voudrais voir «la Joconde».

_____

_____

2. Excusez-moi, où dois-je aller pour voir l'art égyptien?

_____

_____

3. Pardon, je voudrais trouver la salle des arts graphiques.

_____

_____

4. Pardon, où sont les toilettes?

_____

_____

BUT 4G, 4K

(R) Comment conduisent-ils? Écrivez de nouvelles phrases en utilisant au présent la forme convenable du verbe **conduire** et un adverbe. Suivez l'exemple.

MODÈLE: Maman est assez prudente.

Elle conduit prudemment.

1. L'oncle Joseph est un peu fou.

_____

2. Mes cousins sont vraiment lents.

_____

3. D'habitude, nous sommes attentifs.

_____

4. Les Français adorent la vitesse.

_____

5. Quelquefois, moi, je suis un peu nerveux.

_____

6. La tante Yvonne est calme.

_____

7. Et vous? Comment conduisez-vous?

_____

Intégration

(S) Qui prend le volant? Alex et sa mère vont au centre commercial en voiture. Écoutez leur conversation et ensuite, indiquez si les phrases suivantes sont vraies (V) ou fausses (F).

Track 3-19

_____ 1. Alex a envie de conduire.

_____ 2. La mère d'Alex est toujours nerveuse quand Alex conduit.

_____ 3. Alex apprend à conduire.

_____ 4. La mère d'Alex fait souvent des commentaires quand Alex conduit.

_____ 5. Alex va conduire la voiture.

🔊 **T** **À vous.** Fermez vos livres. Répondez aux questions à l'oral et à l'écrit! Vous allez entendre les questions deux
Track 3-20 fois. Répondez après la deuxième répétition.

1. _____

2. _____

3. _____

4. _____

5. _____

6. _____

7. _____

RÉDACTION

U **En voiture.** Dans votre pays, la voiture est-elle importante? Écrivez sur ce sujet à votre ami Vincent. Passez-vous
un temps considérable en voiture chaque jour? Décrivez «votre vie en voiture» pour votre correspondant.

Première Partie

Mais d'abord, répondez aux questions suivantes.

1. Aimez-vous conduire? Depuis quand conduisez-vous?

_____

2. Quelle sorte de voiture conduisez-vous?

_____

3. De quelle couleur est-elle? De quelle année? La conduisez-vous depuis longtemps?

_____

_____

4. Vos habitudes en voiture.

- Est-ce que vous écoutez la radio, des CD ou votre MP3 quand vous conduisez?

_____

- Chantez-vous souvent quand vous conduisez?

_____

- Mangez-vous quelquefois en voiture?

_____

- Dans quelles circonstances préférez-vous conduire? En vacances? En ville?

_____

Deuxième Partie

Maintenant, écrivez une lettre à Vincent où vous décrivez votre vie en voiture. Attention! Si vous ne conduisez pas, parlez d'une autre personne qui conduit.

_____

_____

_____

_____

_____

_____

_____

_____

_____

_____

_____

_____

CHAPITRE 11

Comme si c'était hier

CONVERSATION

A **Le faire-part de mariage (The wedding invitation).** Lisez le faire-part de mariage et ensuite cherchez dans la colonne de droite les expressions qui complètent les phrases de la colonne de gauche.

>
>
> M. et Mme Jacques Debataille   M. et Mme Jean-Pierre Cocher
> sont heureux de vous faire part du mariage de leurs enfants
> Céline et Thierry
> La messe de Mariage sera célébrée le samedi 22 juillet 2012
> à 16 heures, en l'Église Notre-Dame.
> À l'issue de la Cérémonie un Vin d'Honneur
> sera servi à la Salle des Fêtes de Pau.

1. Monsieur et Madame Debataille et Monsieur et Madame Cocher sont heureux de faire part ... _____

2. La fille de Monsieur et Madame Debataille va ... _____

3. Madame Cocher va être ... _____

4. La cérémonie religieuse va avoir lieu ... _____

5. Céline va probablement porter ... _____

6. Et Thierry va peut-être porter ... _____

7. Après la cérémonie on va boire ... _____

a. un smoking.

b. la belle-mère de Céline.

c. une robe de mariée.

d. du champagne.

e. épouser le fils des Cocher.

f. du mariage de leurs enfants.

g. le samedi 22 juillet à 4 heures de l'après-midi.

PRONONCIATION

Track 3-21

B **[i] et [j].** **Partie A.** Read the pronunciation section for Chapter 11 of *Entre amis* and then listen to these words to determine which ones contain an [i] or a [j] sound.

	[i]	[j]
MODÈLE:		X
1.		
2.		
3.		
4.		
5.		

6.		
7.		
8.		
9.		
10.		

Partie B. Read the following words aloud, then listen to the audio and repeat them.

1. Sylvie
2. pâtisserie
3. il travaille
4. un conseil
5. principal

6. gentil
7. gentille
8. une bouteille
9. mille
10. tranquille

Buts communicatifs

BUT IA

C **Souvenir d'un mariage.** Complétez les phrases suivantes avec la forme convenable de l'imparfait des verbes indiqués.

1. Mon frère *(être)* _____ toujours sûr qu'il *(aller)* _____ épouser Céline.

2. Il *(écrire)* _____ dans ses lettres que Céline *(être)* _____ la plus belle fille du monde.

3. C' *(être)* _____ un peu triste le jour du mariage. Il *(pleuvoir)* _____.

4. C'est vrai, mais il *(faire)* _____ beau dans les cœurs *(hearts)* des jeunes mariés.

5. Thierry *(être)* _____ nerveux ce jour-là.

6. Les parents de Céline *(avoir)* _____ l'air très heureux.

7. Ma mère *(regarder)* _____ Céline et *(penser)* _____ qu'elle était belle.

8. Ma tante *(prendre)* _____ des photos et elle nous *(demander)* _____ de sourire *(smile)*.

9. Nous (*être*) _____ jeunes, célibataires et innocents.

10. Ah! Qu'est-ce qu'on (*être*) _____ innocents!

On (*vouloir*) _____ se marier à l'âge de quatorze ans.

D **Ah! C'était le bon vieux temps! (*Those were the good old days!*)** Complétez la conversation suivante entre Julie et sa grand-mère et mettez les verbes proposés à l'imparfait.

JULIE: Mamie, quand tu (*être*) _____ jeune, est-ce que tu (*avoir*)

_____ un chien ou un chat?

LA GRAND-MÈRE: Nous (*avoir*) _____ un petit chien. Il (*s'appeler*)

_____ Napoléon. Mais moi, je l' (*appeler*)

_____ Napo.

JULIE: Vous (*habiter*) _____ dans une grande maison?

LA GRAND-MÈRE: Oui, notre maison (*être*) _____ très grande. Nous (*habiter*)

_____ à 50 kilomètres de Lyon.

JULIE: Est-ce que tu (*aller*) _____ à l'école?

LA GRAND-MÈRE: Ah oui! Tous les jours. On (*avoir*) _____ des cours même *[even]* le

samedi après-midi.

JULIE: Qu'est-ce que tu (*faire*) _____ après l'école?

LA GRAND-MÈRE: Je (*rentrer*) _____ à pied à quatre heures et demie; et puis je

(*travailler*) _____ aux champs *[fields]* jusqu'au soir.

JULIE: Les enfants ne (*faire*) _____ pas leurs devoirs à la maison?

LA GRAND-MÈRE: Si, le soir. Par exemple, moi j' (*écrire*) _____ mes devoirs après

le dîner.

JULIE: Alors, tu ne (*regarder*)_____ pas la télé?

LA GRAND-MÈRE: Écoute! Nous n' (*avoir*) _____ pas de télé. On

(*discuter*) _____ à table de notre journée, on (*lire*)

_____ beaucoup et on (*écrire*) _____

souvent des lettres et même des poèmes à des amis. Ah! c' (*être*)

_____ le bon vieux temps!

BUT 1B

E **On dit ... *(Rumor has it ...)*** Vous rencontrez un(e) ami(e) que vous n'avez pas vu(e) depuis longtemps. Il/Elle a entendu dire que votre situation était bien meilleure qu'elle ne l'est réellement. Corrigez ses impressions en utilisant **ne ... que** et l'expression indiquée.

MODÈLE: —On dit que tu conduis une BMW! (je / conduire / une Ford Escort)

—Non, *je ne conduis qu'une Ford Escort.*

1. —On dit que tu es marié(e)! (je / être / fiancé[e])

—Non, _____

2. —On dit que tu habites dans une grande maison! (je / avoir / un petit appartement)

—Non, _____

3. —On dit que tu es devenu(e) professeur! (je / être / assistant[e])

—Non, _____

4. —On dit que tes parents ont fait le tour du monde! (ils / voyager / en Europe)

—Non, _____

5. —On dit que ta sœur a épousé un millionnaire! (elle / épouser / un homme ordinaire)

—Non, _____

6. —On dit que tu as visité les États-Unis! (je / visiter / l'Angleterre)

—Non, _____

BUT 2C

F **Des tranches de vie.** Faites des phrases avec les éléments donnés. Attention à l'usage de l'imparfait et du passé composé.

MODÈLE: Marion / dormir / quand / ses parents / téléphoner

Marion dormait quand ses parents ont téléphoné.

1. tu / regarder les informations / quand / Sandrine / décider de faire du yoga devant la télévision

_____

2. Jérôme / regarder *la télé* / quand / quelqu'un / frapper à la porte

_____

3. mes trois camarades de chambre / faire leurs devoirs / quand / Simon / venir me chercher

_____

4. il / pleuvoir / quand / nous / sortir

_____

5. il / faire très froid / quand / nous / arriver en ville

_____

6. je / faire du vélo / quand / je / rencontrer Arthur

_____

7. est-ce que vous / connaître déjà Arthur / quand / vous / arriver sur le campus?

_____

8. mon frère / visiter Québec / quand / il / trouver «la femme de sa vie»

_____

9. Gaby, Jeanne et moi, nous / voyager en Europe / quand / le mariage du prince William / avoir lieu

_____

10. les étudiants / ne ... pas pouvoir / prononcer un mot de français / quand / ils / commencer le cours

_____

G **Quelques étapes de la vie.** Donnez votre âge, la période, la date ou les circonstances de la première fois que vous avez fait les activités suivantes.

MODÈLE: commencer à faire du vélo

J'ai commencé à faire du vélo quand j'avais sept ans.

1. apprendre à nager

_____

2. sortir avec un garçon (une fille)

_____

3. avoir mon permis de conduire

_____

4. commencer à boire du café

_____

5. commencer à envoyer des textos

_____

6. prendre l'avion pour la première fois

_____

7. utiliser un portable pour la première fois

_____

8. décider d'étudier le français

_____

Track 3-22 🔊 **H** *Le Petit Chaperon rouge (Little Red Riding Hood).* Connaissez-vous l'histoire du *Petit Chaperon rouge?* Avant d'écouter le début de l'histoire, lisez la liste de verbes ci-dessous. Ce sont les verbes de l'histoire dans l'ordre que vous allez les entendre. Ensuite, écoutez le passage et décidez si chaque verbe est au passé composé ou à l'imparfait. Le premier peut vous servir de **modèle**. Écoutez le passage plusieurs fois si nécessaire.

MOTS UTILES: le bois *woods,* une chaumière *cottage,* le loup *wolf*

	passé composé	imparfait
1. être	_____	✓
2. aimer	_____	_____
3. porter	_____	_____
4. appeler	_____	_____
5. demander	_____	_____
6. être	_____	_____
7. habiter	_____	_____
8. être	_____	_____
9. rencontrer	_____	_____

Track 3-23 🔊 **I** **Quel bonnet de nuit!** *(What a party pooper!)* Un ami accuse l'autre d'être un bonnet de nuit. Écoutez leur conversation et ensuite, décidez si les phrases suivantes sont vraies (V) ou fausses (F). Écoutez la conversation plusieurs fois si nécessaire.

_____ 1. Il faisait mauvais samedi.

_____ 2. Marc n'est pas allé au restaurant parce qu'il était malade.

_____ 3. Marc s'est bien amusé samedi.

_____ 4. Il a regardé la télé.

_____ 5. Marc ne voulait pas sortir samedi soir non plus.

_____ 6. Il était fatigué samedi soir.

BUT 3D, 3E

J **Qu'en pensez-vous ...?** Utilisez **bon** ou **bien, meilleur** ou **mieux** pour comparer les personnes ou les choses suivantes. N'oubliez pas l'accord des adjectifs.

MODÈLE: le groupe Green Day / U2 / chanter

Le groupe Green Day chante bien, mais U2 chante mieux.

MODÈLE: Wendy's / McDo / avoir / hamburgers

Wendy's a de bons hamburgers, mais McDo a de meilleurs hamburgers.

1. le coca-cola / le pepsi / être

_____

2. Dwayne Wade / Lebron James / être / bon / joueur de basket

_____

3. le fromage de France / le fromage du Wisconsin / être

_____

4. Steinbeck / Hemingway / être / écrivain

_____

5. je / meilleur(e) ami(e) / faire la cuisine

_____

6. Shakira / Lady Gaga / chanter

_____

7. les Américains / les Allemands / jouer au tennis

_____

8. les vins de Californie / les vins de France / être

_____

BUT 3D, 3E, 3F

K **Complexe d'infériorité.** Le pauvre Thomas pense qu'il est moins bien que tous ses amis. Réécrivez les phrases suivantes pour exprimer ses opinions, d'après les expressions données.

MODÈLES: Je suis gros. (+ / Hélène)
    Je suis plus gros qu'Hélène.

J'ai de l'argent. (– / argent / Jules)
    J'ai moins d'argent que Jules.

Je ne parle pas bien l'anglais. (= / Hector)
    Je ne parle pas aussi bien l'anglais qu'Hector.

Stéphanie a des livres. (+ / livres / moi)
    Stéphanie a plus de livres que moi.

1. Marc est élégant. (+ / moi)

_____

2. Je conduis bien. (– / Véronique)

_____

3. Tamara a de bonnes notes. (+ / bonnes notes / moi)

_____

4. Je ne suis pas aimable. (= / Thierry)

_____

5. Éric conduit prudemment. (+ / moi)

_____

6. Chloé a des vacances. (+ / vacances / moi)

_____

7. Je travaille vite. (– / Jean)

_____

8. Je n'ai pas de qualités. (= / qualités / Viviane)

_____

9. Je ne suis pas intéressant(e) (= / mes amis)

_____

10. Tiphaine a des soucis. (– / soucis / moi)

_____

BUT 3G

L **Le plus ...** Une Française et un Américain parlent de leur pays. Faites des phrases au superlatif en suivant les exemples. Attention à la place des adjectifs dans la phrase!

MODÈLE: Le Pont-Neuf est un <u>vieux</u> pont de Paris.

Le Pont-Neuf est le plus vieux pont de Paris.

MODÈLE: New York est une ville <u>dynamique</u> des États-Unis.

New York est la ville la plus dynamique des États-Unis.

1. La Nouvelle-Orléans est une <u>belle</u> ville des États-Unis.

_____

2. La statue de la Liberté est un monument <u>touristique</u> de New York.

_____

3. Le Concorde était un avion <u>rapide</u>.

_____

4. Le Louvre est un musée <u>connu</u> de Paris.

_____

5. Le Golden Gate Bridge est un pont <u>important</u> de San Francisco.

_____

6. Le TGV est un train <u>rapide</u>.

_____

7. La tour Eiffel est une <u>belle</u> tour parisienne.

_____

8. La tour de Sears est un <u>grand</u> bâtiment de Chicago.

_____

M **Beaucoup de questions.** Votre ami Léopold voudrait connaître vos opinions. Écrivez ses questions en utilisant les éléments donnés et ensuite, écrivez vos réponses. Suivez le modèle. (**Attention!** «?» = forme correcte de *quel*)

MODÈLE: ? / + / bon / restaurant du monde?

    LÉOPOLD: *Quel est le meilleur restaurant du monde?*

    VOUS: *Le meilleur restaurant du monde est sans doute le Grand Véfour à Paris.*

MODÈLE: ? / glace / tu / aimer manger / + / souvent?

    LÉOPOLD: *Quelle glace aimes-tu manger le plus souvent?*

    VOUS: *J'aime manger la glace au chocolat le plus souvent.*

1. ? / + / beau / film de l'année?

    LÉOPOLD: _____

    VOUS: _____

2. ? / livre / tu / lire *(passé composé)* / + / rapidement?

    LÉOPOLD: _____

    VOUS: _____

3. À / ? / cours / tu / aimer aller / – ?

    LÉOPOLD: _____

    VOUS: _____

4. ? / journal / + / prestigieux / des États-Unis?

    LÉOPOLD: _____

    VOUS: _____

5. ? / groupe de rock / tu / aimer / + ?

    LÉOPOLD: _____

    VOUS: _____

6. ? / étudiant de la classe / chanter / + ?

    LÉOPOLD: _____

    VOUS: _____

7. ? / professeur / – / patient / de ton université?

    LÉOPOLD: _____

    VOUS: _____

8. Dans ta famille / qui / faire / + / la cuisine?

LÉOPOLD: _____

VOUS: _____

Intégration

N À vous. Fermez vos livres. Répondez aux questions à l'oral et à l'écrit! Vous allez entendre les questions deux fois. Répondez après la deuxième répétition.

Track 3-24

1. _____
2. _____
3. _____
4. _____
5. _____
6. _____
7. _____
8. _____
9. _____

RÉDACTION

◉ Une soirée horrible. Imaginez que vous êtes allé(e) à une soirée ennuyeuse. Écrivez un e-mail à un(e) ancien(ne) camarade de classe et décrivez la soirée. Faites attention au temps (passé composé ou imparfait) dans les questions!

• Répondez à ces questions.

1. Où êtes-vous allé(e)?

_____

2. Quand? Avec qui? Comment? (en voiture? à vélo? à pied?)

_____

3. Combien de temps a duré la soirée?

_____

4. Qui était présent?

_____

5. Qui est la personne qui a organisé la soirée?

_____

6. Pourquoi est-ce que cette personne vous a invité(e)?

_____

7. Pourquoi est-ce que la soirée était ennuyeuse?

_____

148 **Entre amis Student Activities Manual**

• À l'aide des réponses que vous avez écrites, écrivez votre e-mail à votre camarade de classe.

_____

_____

_____

_____

_____

_____

_____

_____

_____

_____

_____

_____

_____

_____

_____

_____

CHAPITRE 12

Les réservations

CONVERSATION

A **Au téléphone.** Vous êtes le/la propriétaire d'un restaurant qui est fermé le lundi. Un client téléphone pour réserver une table. Qu'allez-vous répondre au client?

MODÈLE: Le client veut réserver une table pour lundi.

Je regrette, Monsieur, mais nous sommes fermés le lundi.

1. Le client demande si le restaurant est ouvert le mardi.

2. Le client demande s'il peut réserver une table pour mardi.

3. Vous ne comprenez pas le nom du client.

4. Le client veut venir à 17 heures, mais le restaurant n'ouvre qu'à 19 heures.

5. Vous voulez savoir combien de personnes vont venir avec le client.

6. Vous confirmez la réservation pour quatre personnes, mardi, à 21 heures.

7. Le client vous remercie.

PRONONCIATION

B **[l] et [j].** **Partie A.** Read the pronunciation section for Chapter 12 of *Entre amis,* and then listen to the words to determine which ones contain an [l] or a [j] sound.

Track 4-1

	[i]	[j]
MODÈLE:		
1.		
2.		
3.		

4.		
5.		
6.		

7.		
8.		
9.		

Partie B. Pronounce the following sentences correctly after you hear the exercise number, then listen to the audio and repeat.

1. Les lilas de Lola sont merveilleux.

2. Le lycée de la ville de Laval est tranquille.

3. Il travaille lentement dans un village près de Lille.

4. Le soleil de juillet me fait mal aux yeux.

5. La fille d'Hélène a mal à l'oreille. Aïe! Aïe! Aïe!

Buts communicatifs

BUT 1

C À l'office de tourisme. Imaginez les questions d'après les réponses.

MODÈLE: _Pardon, je peux vous demander des renseignements?_

—Certainement. Allez-y.

—_____

—Les toilettes pour dames sont dans le couloir, tout droit devant vous.

—_____

—Les banques ferment à 18 heures.

—_____

—Le bureau de poste est ouvert entre midi et 14 heures.

—_____

—Ah oui, le restaurant *Le Bec Fin* est excellent.

—_____

—Pas loin. Tournez à gauche, là-bas, juste après la boulangerie.

—_____

—Pour les réservations de train, il faut aller à la gare.

—_____

—Vous cherchez Hertz. Toutes les agences de location (*rental*) de voitures sont à la gare ou à l'aéroport.

—_____

—Je suis là pour ça.

BUT IA

D L'accueil (*Information desk*). Posez une question en utilisant le verbe **savoir** et le mot interrogatif donné. Ensuite, écrivez une réponse.

MODÈLE: le kiosque / où

Vous savez où se trouve le kiosque?

Oui, juste devant la gare.

1. toilettes / où

_____

_____

2. le train va partir / quand

_____

_____

3. coûter / un billet pour Nice / combien

_____

_____

4. les taxis / où

_____

_____

5. acheter des cigarettes / où

_____

_____

6. composter le billet / où

_____

_____

E Un amour. Complétez les phrases avec les formes de **savoir** et de **connaître** qui conviennent.

MODÈLE: Je ne _*sais*_ pas si tu _*connais*_ mon amie?

1. ALEX: Tu _____, j'adore la jeune fille que nous avons rencontrée tout à l'heure.

Tu la _____?

2. ÉTIENNE: Je ne _____ pas très bien cette jeune fille.

Mais, je _____ qu'elle est belle, intelligente et très charmante.

3. ALEX: Céline _____ tout le monde; elle doit _____ si

cette jeune fille a un petit ami.

4. **ÉTIENNE:** Allons poser des questions à Céline. Je _____ qu'elle est au café en ce moment.

5. **ALEX:** Mais nous ne _____ pas si Céline va vouloir nous donner des informations.

6. **ÉTIENNE:** Écoute, on ne va pas le _____ si on ne demande pas.

   En plus, je _____ bien Céline; elle ne peut pas résister.

7. **ALEX:** Céline, _____-tu que tu es très gentille?

8. **CÉLINE:** Vous, je vous _____! Je _____ que vous allez me demander un service.

9. **ÉTIENNE:** Comment le _____-tu?

10. **CÉLINE:** Je _____ bien les garçons!

BUT 2

F **À la réception. Madame** Laurence est curieuse. Elle demande beaucoup de renseignements à la réception-niste de son hôtel. Imaginez les questions qu'elle pose.

1. —_____

—Non, nous n'avons pas de chambres au rez-de-chaussée.

2. —_____

—Le petit déjeuner est servi de 7h30 à 9h30.

3. —_____

—Au salon.

4. —_____

—Prenez ce couloir et vous allez voir le salon.

5. —_____

—D'habitude, nous sommes ouverts jusqu'à minuit.

6. —_____

—Oui, il y a une pharmacie juste à côté. Elle est ouverte jusqu'à 20 heures.

7. —_____

—Oui, nous vendons des cartes postales. Les voilà.

8. —_____

—Non, je regrette. Il faut aller au bureau de tabac pour acheter des timbres.

BUT 2B

G **À la terrasse d'un café.** Vous entendez les conversations des gens à la terrasse d'un café à Paris. Utilisez un élément de chaque colonne et le présent de l'indicatif du verbe pour faire au moins huit phrases logiques. Attention! Certains verbes sont réguliers, d'autres ne le sont pas. (Révisez les verbes comme **dormir** au chapitre 6 et **venir** au chapitre 7 avant de commencer.)

MODÈLES: Vos enfants _grandissent_ vite!

Ils _viennent_ de grossir aussi!

	choisir	assez. Il va y avoir un accident.
cette voiture	dormir	au moins huit heures par nuit.
ils	finir	au professeur!
elles	grandir	aux examens?
je	grossir	avec ce régime *(diet)*!
Lucien	maigrir	ce week-end?
nous	obéir	d'arriver!
ta femme	partir	de grossir aussi!
tu	ralentir	en vacances?
vos enfants	réussir	les devoirs avant d'aller au lit.
vous	sortir	parce qu'il mange trop de sucre *(sugar)*.
	venir	s'il pleut très fort.
		tes cours?
		vite!

1. _____

2. _____

3. _____

4. _____

5. _____

6. _____

7. _____

8. _____

H **Des comparaisons.** Utilisez les mots entre parenthèses pour écrire des réponses aux questions. Suivez le modèle. Faites attention au temps des verbes (présent, passé composé et imparfait) et répondez en utilisant le même temps!

MODÈLE: Je choisis généralement une chambre avec salle de bain. Et toi? *(douche)*

Moi, je choisis généralement une chambre avec douche.

1. Mes amis choisissent souvent des films d'action. Et tes amis et toi? *(des films comiques)*

_____

2. Laurent choisit de prendre son petit déjeuner dans sa chambre. Et toi? *(au café)*

_____

3. Mon cousin Jérémy obéit rarement à ses professeurs. Et Karine et Gabrielle? *(toujours)*

_____

4. Il y a cinq ans, les étudiants finissaient les cours au mois de juin. Et maintenant? *(mai)*

_____

5. J'ai maigri un peu, non? Et toi? *(pas du tout)*

_____

6. Nous faisons du jogging trois fois par semaine, mais nous ne maigrissons pas. Et les Clavel? *(non plus)*

_____

BUT 2C

I Tout et tout le monde Complétez les phrases avec la forme appropriée de l'adjectif **tout** (**tout, tous, toute** ou **toutes**).

MODÈLE: _*Tout*_____ le monde doit parler français en cours.

1. Le professeur a demandé à _____ la classe de faire attention.

2. _____ les étudiants vont au cinéma.

3. _____ les filles vont préparer leur dissertation à la bibliothèque ce soir.

4. Samedi, _____ les garçons vont faire un match de foot.

5. Éric, _____ tes amis vont voyager l'été prochain.

6. Quand elles voyagent aux Antilles, Anne et Florence refusent _____ les deux de parler anglais.

7. Anne aime goûter _____ les plats typiques du pays.

8. Mais Florence préfère commander le même plat _____ les jours.

BUT 3

J Au guichet (*ticket window*) de la gare. Complétez le dialogue entre un employé et un voyageur qui veut acheter un billet de train.

EMPLOYÉ: Où est-ce que vous allez, Monsieur?

VOYAGEUR: _____

EMPLOYÉ: Quel jour partez-vous?

VOYAGEUR: _____

EMPLOYÉ: À quelle heure voulez-vous partir?

VOYAGEUR: _____

EMPLOYÉ: Il y a un supplément à payer si vous préférez le TGV.

VOYAGEUR:	_____
EMPLOYÉ:	Et en quelle classe?
VOYAGEUR:	_____
EMPLOYÉ:	Très bien. Une place en seconde, dans le TGV 750 pour Paris. Cela fait 40 €.
VOYAGEUR:	_____
EMPLOYÉ:	Oui, on accepte la carte Visa.
VOYAGEUR:	_____
EMPLOYÉ:	Je vous en prie.
VOYAGEUR:	_____

BUT 3D

K Quelles vacances! Un groupe d'amis décide d'aller en vacances ensemble. Écrivez leurs projets au futur.

MODÈLE: Nous *(manger)* _mangerons_ un steak-frites tous les jours.

1. Nous ne *(travailler)* _____ pas beaucoup.

2. Tout le monde *(prendre)* _____ part au travail.

3. Je *(préparer)* _____ de bons repas.

4. Anne et Sylvain *(monter)* _____ les tentes.

5. Toi, Jules, tu *(écrire)* _____ au professeur de français.

6. Alex et Karim *(conduire)* _____ prudemment.

7. Hector *(lire)* _____ la carte routière *[road map]*.

8. Le chauffeur *(suivre)* _____ ses indications.

9. On *(s'arrêter)* _____ quand on sera fatigués.

10. Nous *(se coucher)* _____ très tard le soir.

L Le premier jour de vacances. Complétez les phrases suivantes avec le futur des verbes donnés.

MODÈLE: Nous *(arriver)* _arriverons_ à l'aéroport de Fort-de-France.

1. Claudine *(aller)*_____ tout de suite à la plage.

2. Myriam et Delphine *(venir)*_____ avec moi.

3. Nous *(prendre)* _____ l'autobus pour aller en ville.

4. Claire et Lisette *(faire)*_____ des achats dans les magasins.

5. Lionel (pouvoir)_____ enfin manger un croque-monsieur.

6. Richard (avoir)_____ sommeil et (dormir) _____ dans sa chambre.

7. Le soir, nous (manger)_____ au restaurant.

8. Nous (avoir)_____ mal aux pieds et nous (être) _____ fatigués.

9. Alors, tout le monde (être)_____ heureux de rentrer à l'hôtel.

10. Le matin suivant, nous (vouloir)_____ dormir tard.

🅜 **Le voyage de leurs rêves** **Partie A.** Répondez aux questions.

1. Quelle sorte de voyage préférez-vous? Les voyages organisés (tours)? les croisières (cruises)? ou les vacances en camping-car?

_____

2. En général, quelle sorte de voyage préfèrent les jeunes couples? les familles? les retraités (retirees)?

_____

_____

🔊
Track 4-2

Partie B. Jean-Luc et Anne-Marie parlent de leurs vacances de rêves. Écoutez leur conversation et ensuite, choisissez la réponse juste pour compléter chaque phrase ci-dessous.

1. Anne-Marie veut faire _____.
   a. un voyage organisé   b. un voyage en camping-car   c. une croisière

2. Jean-Luc veut faire _____.
   a. un voyage organisé   b. un voyage en camping-car   c. une croisière

3. Anne-Marie veut visiter _____.
   a. les châteaux de la Loire   b. les îles grecques   c. d'autres pays

4. Anne-Marie pense que les voyages en croisière sont pour _____.
   a. les jeunes   b. les familles   c. les vieux

🔊 **Partie C.** Écoutez la conversation encore une fois et imaginez la réponse de Jean-Luc. Écrivez-la ci-dessous.

_____

🔊
Track 4-3

🅝 **La fête de Pierre.** **Partie A.** Pierre Fromentin finira ses études le 31 mai. Il voudrait fêter (celebrate) l'occasion avec douze amis au restaurant. Il a un budget limité à 200 euros. Écoutez les messages sur son répondeur et indiquez toutes les informations qui sont justes pour chaque restaurant dans le tableau suivant. Écoutez les messages plusieurs fois si nécessaire.

	Les Trois Érables	La Chaumière	Café Mambo
jour disponible (available)?	samedi dimanche aucun (no) jour	samedi dimanche aucun (no) jour	samedi dimanche aucun (no) jour

	Les Trois Érables	La Chaumière	Café Mambo
les heures?	matin	matin	matin
	après-midi	après-midi	après-midi
	soir	soir	soir
	pas disponible	pas disponible	pas disponible
prix (€/personne)?	15€	15€	15€
	20€	20€	20€
	25€	25€	25€
	non mentionné	non mentionné	non mentionné

Partie B. Utilisez les informations de la Partie A pour répondre aux questions suivantes.

1. Quel restaurant Pierre choisira-t-il? _____

2. Pour quelle raison? Le jour ou le prix? _____

BUT 3E

◉ **Qu'est-ce qu'on fera?** Utilisez une expression de la liste pour compléter chaque phrase qui suit. Faites attention au temps des verbes (présent ou futur de l'indicatif?)

acheter deux billets de seconde   *finir ces cours avec de bonnes notes*
avoir besoin de quelque chose   *je / vous donner des bonbons*
avoir le temps   *partir*
avoir très soif   *porter un imperméable pour sortir*
être trop fatigué(e)(s) pour étudier

1. Si je (j') _____, j'irai voir mes parents.

2. S'il pleut ce soir, vous _____.

3. Si nous décidons de faire le voyage en train, nous _____.

4. Je (J') _____ si vous êtes gentils.

5. Nous aurons nos diplômes si nous _____.

6. Si Paule et Gabrielle travaillent 50 heures par semaine, elles _____

_____.

7. Quand tu _____, tu boiras beaucoup de jus d'orange.

8. Quand ils _____, ils téléphoneront au 04.45.12.46.32.

9. Elle donnera la clé à la réceptionniste quand elle _____.

Intégration

🔊 **P Je voudrais réserver...** Madame Grassin voudrait faire une réservation au restaurant «Les Trois Rivières».
Track 4-4   Écoutez la conversation et complétez les phrases qui suivent. Écoutez la conversation plusieurs fois si nécessaire.

1. Mme Grassin veut faire une réservation pour demain _____.

   a. matin   b. midi   c. soir

2. Elle veut réserver _____ tables.

   a. deux   b. dix   c. douze

3. Il y aura _____ personnes.

   a. quarante-deux   b. quarante-quatre   c. cinquante

4. Mme Grassin et ses amis fêtent (*are celebrating*) le cinquantième anniversaire de ses _____.

   a. amis d'enfance   b. grands-parents   c. parents

5. Les personnes que Madame Grassin **ne** mentionne **pas** dans la conversation sont _____.

   a. ses sœurs et leurs maris   c. ses parents   e. ses petits-enfants
   b. ses frères et leurs femmes d. ses grands-parents

6. À la fin de la conversation Madame Grassin décide de _____.

   a. faire la fête chez elle   b. téléphoner à un autre restaurant   c. faire la fête un autre jour

🔊 **Q À vous.** Fermez vos livres. Répondez aux questions à l'oral et à l'écrit! Vous allez entendre les questions deux
Track 4-5   fois. Répondez après la deuxième répétition.

1. _____

2. _____

3. _____

4. _____

5. _____

6. _____

7. _____

8. _____

🔊 **R Le mariage. Partie A.** Sylvie a l'intention d'assister au mariage de son ami Claude à la Nouvelle-Orléans, alors
Track 4-6   elle lui téléphone pour des recommandations d'hôtel. Écoutez leur conversation deux ou trois fois et prenez des
notes ci-dessous. Mettez l'enregistrement en pause si nécessaire.

	Le Windsor Court	**La Place d'Armes**	**Le Château Motor Hotel**
prix? *($, $$ ou $$$)*			
situé: *au Vieux Carré?* *près de la cathédrale?*			
avantages (strong points)			

Partie B. Utilisez vos notes pour répondre aux questions suivantes.

1. Quel hôtel coûte probablement le plus cher?

    a. le Windsor Court

    b. la Place d'Armes

    c. le Château Motor Hotel

    d. Ils coûtent tous à peu près le même prix.

2. Quel hôtel coûte probablement le moins cher?

    a. le Windsor Court

    b. la Place d'Armes

    c. le Château Motor Hotel

    d. Ils coûtent tous à peu près le même prix.

3. Quel hôtel offre des croissants et du café le matin?

    a. le Windsor Court

    b. la Place d'Armes

    c. le Château Motor Hotel

4. Lequel de ces hôtels semble le plus européen?

    a. le Windsor Court

    b. la Place d'Armes

    c. le Château Motor Hotel

5. Lequel de ces hôtels est au coin de la rue Chartres et de la rue St Philippe?

    a. le Windsor Court

    b. la Place d'Armes

    c. le Château Motor Hotel

6. Lequel de ces hôtels **n'**est **pas** dans *Le vieux Carré*?

    a. le Windsor Court

    b. la Place d'Armes

    c. le Château Motor Hotel

7. Quel est l'hôtel le plus près de la cathédrale?

    a. le Windsor Court

    b. la Place d'Armes

    c. le Château Motor Hotel

8. Si Sylvie aime beaucoup nager, quel hôtel choisira-t-elle probablement?

    a. le Windsor Court

    b. la Place d'Armes

    c. le Château Motor Hotel

9. Dans quel hôtel Sylvie va-t-elle réserver une chambre?

    a. le Windsor Court

    b. la Place d'Armes

    c. le Château Motor Hotel

    d. Elle n'a pas encore décidé.

10. Sylvie pense que les conseils de Claude ...

    a. sont décourageants.

    b. sont trop vagues.

    c. l'aident beaucoup.

    d. Toutes les réponses sont fausses.

RÉDACTION

S **Réservation de chambre par e-mail.** Vous irez à Dakar pour y passer un séjour de trois jours. Écrivez à l'hôtel *Le Pavillon* pour réserver une chambre qui vous convient.

_____

_____

_____

_____

_____

_____

_____

_____

_____

_____

2. **Réservation par téléphone d'une table (au restaurant).** Vous êtes maintenant arrivé(e) à Dakar. Vous avez invité quelqu'un à dîner au restaurant *Chez Jean*. Vous téléphonez pour réserver une table. Écrivez un dialogue où vous demandez à la réceptionniste du restaurant les renseignements nécessaires.

_____

_____

_____

_____

_____

_____

_____

_____

_____

_____

CHAPITRE 13

Ma journée

CONVERSATION

A Qu'est-ce qu'on dit? Choisissez l'expression qui veut dire à peu près la même chose.

1. Lori ne va pas tarder.

   _____ a. Elle va bientôt arriver.

   _____ b. Elle va être en retard.

   _____ c. Elle va arriver en avance.

2. Le maître d'hôtel vérifie la liste.

   _____ a. Il demande à voir la carte d'identité.

   _____ b. Il présente le menu.

   _____ c. Il contrôle la réservation.

3. Nous venons d'arriver.

   _____ a. Nous sommes arrivés depuis des heures.

   _____ b. Nous sommes arrivés il y a quelques minutes.

   _____ c. Nous allons être en retard.

4. Vous voulez vous asseoir?

   _____ a. Ne vous inquiétez pas.

   _____ b. Vous voulez prendre cette table?

   _____ c. Quel plaisir de vous voir.

5. Par ici, s'il vous plaît.

   _____ a. Venez avec moi, s'il vous plaît.

   _____ b. Très bien, un instant, s'il vous plaît.

   _____ c. Ne tardez pas, s'il vous plaît.

6. Goûtez le vin.

   _____ a. Vous voulez du vin?

   _____ b. Buvez un peu de vin.

   _____ c. Il faut aimer le vin.

PRONONCIATION

B **[ø] et [œ].** **Partie A.** Read the pronunciation section for Chapter 13 of **Entre amis,** then listen to the words and indicate which ones contain an [ø] or an [œ] sound.

	[ø]	[œ]
MODÈLE:		X
1.		
2.		
3.		
4.		
5.		

6.		
7.		
8.		
9.		
10.		

Partie B. Read the following sentences aloud after you hear the exercise number, then listen to the audio and repeat.

1. Il pleure dans mon cœur

2. Comme il pleut sur la ville,

3. Quelle est cette langueur

4. Qui pénètre mon cœur?
   (Paul Verlaine, *«Il pleure dans mon cœur»*)

Buts Communicatifs

BUT I

C **La table.** Écrivez le nom de chaque article indiqué. N'oubliez pas d'écrire les articles définis (**le, la, les**).

1. _____

2. _____

3. _____

4. _____

5. _____

6. _____

7. _____

8. _____

9. _____

BUT 1A

D **Les bonnes manières.** Complétez les phrases en utilisant le verbe **mettre.**

MODÈLE: En France on _met_____ les mains sur la table.

1. En France, on _____ les morceaux de pain sur la nappe à côté de l'assiette.

2. Et chez vous? Est-ce que vous _____ la serviette sur les genoux *(on your lap)?*

3. Oui, nous la _____ sur les genoux.

4. Les Français _____ souvent le verre et la cuillère devant chaque assiette.

5. Madame La Fontaine _____ toujours quatre verres et deux cuillères devant chaque assiette.

6. Merci, je ne _____ pas de sucre dans mon café.

7. Mais ton frère en _____ beaucoup.

E **La table française et la table de chez nous.** À partir des illustrations suivantes, écrivez cinq phrases qui comparent les manières françaises aux manières de chez nous.

MODÈLE: *En France, on met les morceaux de pain sur la nappe, mais chez nous, on les met*
sur une petite assiette.

1. En France, on _____

mais chez nous, on _____

2. _____

_____

3. _____

_____

4. _____

_____

5. _____

_____

F **Autour de la table. Partie A.** Utilisez les éléments donnés et faites les changements nécessaires pour écrire des phrases. Ajoutez aussi des mots si nécessaire.

1. je / mettre / serviette / genoux

   Je mets ma serviette sur mes genoux.

2. ils / préférer / sel

   _____

3. on / manger / salade / avec / fourchette

   _____

4. nous / avoir besoin / couteau

   _____

5. je / vouloir / verre / vin blanc

   _____

Track 4-8

Partie B. Maintenant, utilisez vos phrases de la Partie A pour répondre aux questions que vous entendez. Suivez l'exemple de la première question et réponse. Attention! Les réponses ne vont pas être dans le même ordre.

1. Qu'est-ce que tu mets sur tes genoux?

   Je mets ma serviette sur mes genoux.

   2.   3.   4.   5.

G **À vous.** Répondez aux questions suivantes avec des phrases complètes.

1. Quel est votre repas préféré?

   _____

2. À quelle heure prenez-vous ce repas?

   _____

3. Êtes-vous végétarien(ne)?

   _____

4. Est-ce que vous mettez du beurre sur les spaghetti?

   _____

5. Est-ce que vous mettez du ketchup sur les frites?

   _____

6. Qu'est-ce que vous mettez dans la salade?

   _____

7. Qu'est-ce que vous mettez dans votre thé ou dans votre café?

   _____

8. Où mettez-vous les mains pendant un repas si vous êtes invité(e) chez des Français?

_____

9. Qui met la table chez vous?

_____

10. Est-ce que vous permettez aux invités de fumer chez vous après le repas?

_____

BUT 2B

H **Des antagonistes.** Chaque fois que les enfants de Marie et Antoine demandent à faire quelque chose, les deux parents donnent des ordres contradictoires. Écrivez leurs réponses d'après les modèles.

MODÈLES: Je me lève?   Je regarde la télé?

       MARIE: _Lève-toi!_   MARIE: _Regarde-la!_

   ANTOINE: _Ne te lève pas!_   ANTOINE: _Ne la regarde pas!_

1. Je m'habille?

    MARIE: _____

    ANTOINE: _____

2. Je fais la vaisselle?

    MARIE: _____

    ANTOINE: _____

3. Je me dépêche?

    MARIE: _____

    ANTOINE: _____

4. Nous nous mettons à table?

    MARIE: _____

    ANTOINE: _____

5. Nous prenons des céréales?

    MARIE: _____

    ANTOINE: _____

6. Je mets mon imperméable?

    MARIE: _____

    ANTOINE: _____

BUTS 2B, 2C

I Quand est-ce qu'on ...? Utilisez les éléments donnés pour écrire des phrases. Suivez le modèle.

MODÈLE: Soumia / se réveiller / 7 h 15

Soumia se réveille à 7 h 15. _____

1. elle / se lever / 7 h 30

_____

2. vous / se lever / à quelle heure?

_____

3. je / se brosser les dents / après le petit déjeuner

_____

4. ma camarade de chambre / s'habiller / avant de prendre le petit déjeuner

_____

5. Aline et Sophie / se brosser les cheveux / avant de sortir

_____

6. moi / se souvenir / toujours / d'elles

_____

7. nous / se promener / plus souvent que vous

_____

8. Monsieur Barthes / se promener / dans le parc / tous les soirs

_____

9. mes voisins / qui / laver leur voiture / tous les week-ends / s'appeler / Christophe et Daniel

_____

10. ils / se coucher / généralement à 11 h

_____

J Une journée dans la vie de Véronique. Regardez les illustrations suivantes et décrivez ce que Véronique fait. Utilisez des verbes pronominaux de la liste suivante.

s'amuser	se coucher	se lever
s'asseoir	se doucher	se promener avec
se brosser les cheveux	s'endormir	se réveiller
se brosser les dents	se laver	

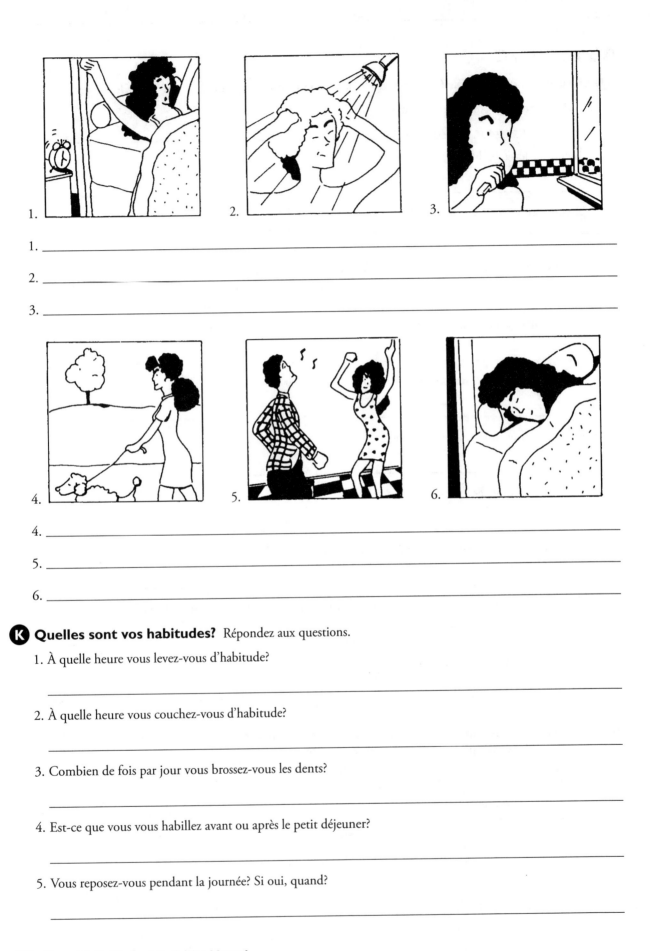

1. _____

2. _____

3. _____

4. _____

5. _____

6. _____

K **Quelles sont vos habitudes?** Répondez aux questions.

1. À quelle heure vous levez-vous d'habitude?

_____

2. À quelle heure vous couchez-vous d'habitude?

_____

3. Combien de fois par jour vous brossez-vous les dents?

_____

4. Est-ce que vous vous habillez avant ou après le petit déjeuner?

_____

5. Vous reposez-vous pendant la journée? Si oui, quand?

_____

6. Est-ce que vous vous inquiétez avant un examen?

_____

7. Qu'est-ce que vous faites pour vous reposer après un examen important?

_____

8. Vous vous amusez bien le week-end?

_____

L **Une semaine typique.** **Partie A.** Réfléchissez à votre routine du matin. Dans la première colonne de la grille ci-dessous, écrivez l'heure à laquelle vous faites chaque activité.

Partie B. Écoutez ce que Geoffroi dit à propos de sa routine et indiquez l'heure à laquelle il fait chaque activité. Track 4-9 Parfois, il faut estimer l'heure. Écoutez la description plusieurs fois si nécessaire.

Activités	Vous	Geoffroi	
se réveiller		———— 5 h 30	———— 5 h 45
se lever		———— 5 h 45	———— 6 h 00
se raser		———— 6 h 05	———— 6 h 15
se laver (bain, douche)		———— 6 h 05	———— 6 h 15
s'habiller		———— 6 h 35	———— 6 h 40
se brosser les dents		———— 6 h 30	———— 6 h 35
se brosser les cheveux		———— 6 h 35	———— 6 h 40
préparer son petit déjeuner		———— 6 h 50	———— 7 h 05
se dépêcher de partir		———— 6 h 50	———— 7 h 00
se mettre en route (get going)		———— 7 h 00	———— 7 h 05

Partie C. Comparez votre routine à la routine de Geoffroi, puis indiquez si chaque phrase que vous entendez est **vraie** ou **fausse**.

	vrai	faux
1.		
2.		
3.		
4.		

BUT 3D

M **Souvenirs d'enfance.** Lucien écrit dans son journal les souvenirs qu'il a de ses années passées au lycée. Complétez les phrases avec la forme correcte du verbe pronominal entre parenthèses à l'imparfait.

Quand j'allais au lycée, mes parents (*s'inquiéter*) _s'inquiétaient_____ beaucoup pour moi ... Je n'étais pas

grand, et je mangeais très peu. Mon frère et moi, nous (*se lever*) _____ de bonne heure et

nous (*se coucher*) _____ tard le soir. Je ne (*se reposer*) _____ que

rarement l'après-midi. Le matin, je (*se réveiller*) _____ à 5 h, je buvais vite un café et je ne

(*s'asseoir*) _____ pas une minute, et j'allais tout de suite à la salle de bain. Là, je (*se laver*)

_____ et je *(se brosser)* _____ les dents et les cheveux. De retour dans

ma chambre, je *(s'habiller)* _____ en vitesse et je *(se dépêcher)* _____

de retourner à la cuisine. Je disais au revoir à ma mère, et c'est ainsi que ma journée commençait ...

Ⓝ Les sœurs aînées *(Older sisters)*. Ces sœurs vérifient toujours pour voir si leurs petits frères et leurs petites
sœurs ont fait leurs tâches *(tasks)*. Écrivez des mini-dialogues au passé composé d'après le modèle.

MODÈLE: Marie-Laure / se lever à l'heure // oui

—*Marie-Laure, tu t'es levée à l'heure?*

—*Oui, je me suis levée à l'heure.*

1. Vous / se laver / ce matin // évidemment

— _____

— _____

2. Estelle / se mettre à table // bien sûr

— _____

— _____

3. Nino / se brosser les dents // oui

— _____

— _____

4. Clara / prendre le petit déjeuner // non

— _____

— _____

5. Vous tous / ne ... pas se dépêcher // si

— _____

— _____

BUT 4E

Ⓞ La soirée chez les Martin. Vous êtes invité(e) à une soirée chez M. et Mme Martin où vous entendez plusieurs conversations. Complétez les phrases avec le subjonctif des verbes entre parenthèses.

MODÈLE: Mes parents préfèrent que je leur *(rendre)* _rende_____ visite le week-end prochain.

1. Monsieur Leblanc souhaite que sa fille *(réussir)* _____ à ses examens cette fois-ci.

2. Il faut que je *(partir)* _____ à 8 h.

3. Mon patron exige que nous *(faire)* _____ tout pour plaire *[please]* aux clients.

4. Veux-tu qu'elle *(venir)* _____?

5. Je voudrais qu'on *(aller)* _____ en France cet été.

6. J'aimerais que notre serveur *(être)* _____ plus poli.

7. Notre voisin ne veut pas que nous *(jouer)* _____ au foot devant sa maison.

8. Le professeur désire que tous les étudiants l' *(écouter)* _____ quand il parle.

9. J'aimerais bien que vous *(téléphoner)* _____ à vos amis avant d'aller chez eux.

P **On veut faire autre chose.** Ces personnes veulent faire certaines activités, mais leurs amis (ou leurs parents) veulent qu'ils fassent autre chose. Suivez le modèle.

MODÈLE: Mathieu veut étudier. (ses amis / exiger / il / sortir avec eux)

Mais ses amis exigent qu'il sorte avec eux.

1. Marie et moi, nous voulons écouter de la musique. (Nino et Lionel / souhaiter / nous / jouer au tennis avec eux)

_____

2. Tu veux regarder la télévision. (ton petit frère / vouloir / lui / tu / lire un livre)

_____

3. Vous êtes occupé(e). (votre mère / demander / vous / faire les courses avant de rentrer)

_____

4. Pauline souhaite rester à la maison tout l'après-midi. (ses parents / avoir besoin / elle / conduire sa tante à la gare)

_____

5. Nora aime se coucher après le repas. (son père / exiger / elle / écrire une lettre à sa grand-mère)

_____

6. Ma camarade de chambre veut sortir à 9 h. (je / préférer / nous / sortir à 8 h)

_____

7. Mon ami ne veut pas mettre sa ceinture de sécurité. (je / souhaiter / il / mettre la ceinture de sécurité dans ma voiture)

_____

8. Les étudiants veulent utiliser le dictionnaire pendant l'examen. (le professeur / préférer / ils / ne ... pas utiliser le dictionnaire)

_____

Q **Des conseils.** Les membres du Cercle Français à l'université doivent organiser une douzaine d'activités. Écrivez les conseils suivants en utilisant six des expressions suivantes et le subjonctif.

il est essentiel que	*il est important que*	*il faut que*
il ne faut pas que	*je préfère que*	*je veux que*
je voudrais que	*il vaut mieux que*	

MODÈLE: présenter une pièce de théâtre

Il est essentiel que nous présentions une pièce de théâtre.

1. préparer un grand repas français

_____

2. jouer au foot une fois par semaine

_____

3. apprendre à danser la salsa

_____

4. organiser une soirée dansante

_____

5. vendre des tee-shirts avec des logos en français

_____

6. aller au théâtre pour voir *Le bourgeois gentilhomme.*

_____

R **L'avis d'un médecin (A doctor's opinion).** Complétez les phrases suivantes avec la forme convenable du verbe indiqué.

1. Vous avez mal à la tête et vous avez de la fièvre? Alors j' *(exiger)* _____ que vous *(prendre)* _____ un cachet d'aspirine trois fois par jour, que vous *(boire)* _____ beaucoup de jus de fruits et que vous *(venir)* _____ me voir la semaine prochaine.

2. Tu as mal aux jambes, Arthur? Alors je *(vouloir)* _____ que tu *(prendre)* _____ un bain chaud et que tu *(ne ... plus faire)* _____ de foot cette semaine.

3. Monsieur Cattelat a mal à l'estomac? Depuis un jour? Madame, il *(être urgent)* _____ qu'il *(venir)* _____ me voir à l'hôpital, sans délai.

4. Non, Madame, ce n'est pas du tout une bonne idée de rendre visite à votre cousine. Je *(préférer)* _____ que vous *(être)* _____ patiente et que vous *(se reposer)* _____ chez vous.

5. Il faut que vous *(faire)* _____ des sacrifices pour maigrir. Il faut surtout que vous *(vouloir)* _____ vraiment maigrir et que vous ne *(manger)* _____ rien après 8 h du soir. Il est important que vous *(avoir)* _____ beaucoup de volonté.

6. Dans votre état, j' *(exiger)* _____ que vous *(ne … pas toucher)*

_____ à l'alcool et au tabac. Et je *(souhaiter)* _____ que vous

(prendre) _____ ces médicaments, que vous *(manger)* _____

assez de légumes et que vous *(faire)* _____ du sport modérément.

S Un rendez-vous. Robert et Marc parlent de leurs projets ce soir. Écoutez leur conversation et ensuite, décidez si chaque phrase est **vraie (V)** ou **fausse (F).**

_____ 1. Marc a oublié son rendez-vous.

_____ 2. Robert et Marc vont chez une copine ce soir.

_____ 3. Marc va chercher Robert en voiture.

_____ 4. Les garçons vont sortir à 18 h.

_____ 5. Il ne faut pas que les garçons soient en retard.

Intégration

T Hier soir. Vincent demande à Laurent ce qu'il a fait hier soir. Écoutez leur conversation et ensuite, choisissez la réponse juste à chaque question. Écoutez la conversation plusieurs fois si nécessaire.

_____ 1. Qu'est-ce que Laurent a regardé hier soir?

    a. un film   b. la télé   c. un match

_____ 2. Est-ce qu'il s'est bien amusé?

    a. oui   b. non

_____ 3. Pourquoi est-ce qu'il s'est bien amusé ou non?

    a. Le film était amusant.   c. Il n'y avait rien d'intéressant à la télé.

    b. Son équipe a perdu.

_____ 4. Qu'est-ce qu'il a fait après?

    a. Il est rentré.   b. Il est allé au bistro.   c. Il a rendu visite à ses amis.

_____ 5. Qui est-ce qu'il a vu?

    a. son épouse   b. personne   c. un jeune couple marié

U Le déménagement (The move). Éliane parle aux hommes qui déménagent ses affaires. Écrivez un "X" sur le plan de sa maison où ils doivent mettre chacun des articles suivants. Écoutez ses ordres plusieurs fois si nécessaire.

1. le lave-vaisselle   4. la radio

2. le bureau   5. la guitare

3. l'ordinateur   6. le fauteuil

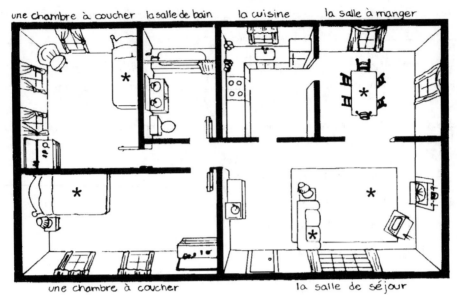

une chambre à coucher   la salle de bain   la cuisine   la salle à manger

une chambre à coucher   la salle de séjour

Ⓥ À vous. Fermez vos livres. Répondez aux questions à l'oral et à l'écrit! Vous allez entendre les questions deux fois. Répondez après la deuxième répétition.

Track 13-7

1. _____

2. _____

3. _____

4. _____

5. _____

6. _____

RÉDACTION

Ⓦ *Rédaction. Samira vous interroge.* Votre amie Samira, qui habite au Maroc, est étudiante en journalisme. Elle va écrire un article sur le stress dans la vie des étudiants. Elle veut que vous décriviez votre semaine et que vous parliez des choses qu'il faut faire.

• D'abord, indiquez au moins sept choses qu'il faut que vous fassiez chaque semaine et expliquez pourquoi.

Activités	Explications
MODÈLE: *Lundi, il faut que je me lève tôt.*	*Il faut aller aux cours.*
1.	
2.	
3.	
4.	
5.	
6.	
7.	

© 2013 Cengage Learning. All Rights Reserved. May not be scanned, copied or duplicated, or posted to a publicly accessible website, in whole or in part.

- Maintenant écrivez votre e-mail à Samira. Pour aider votre lecteur/lectrice, n'oubliez pas d'utiliser des mots comme **d'abord, ensuite, alors, enfin ...**

_____

_____

_____

_____

_____

_____

_____

_____

_____

_____

_____

_____

_____

_____

_____

_____

_____

_____

_____

_____

_____

_____

CHAPITRE 14

Quelle histoire!

CONVERSATION

A **Quelle histoire!** Complétez les phrases suivantes au présent d'après les illustrations.

1. Ils _____.

2. Ils _____.

3. Il achète _____.

4. Ils _____.

5. Ils _____.

PRONONCIATION

🔊
Track 4-14

B Tension. Partie A. Read the pronunciation section for Chapter 14 of **Entre amis**, and then listen to the words to determine whether they are French or English.

	French	English
Modèle:		X
1.		
2.		
3.		
4.		
5.		
6.		
7.		
8.		
9.		
10.		

🔊
Partie B. Read the following phrases and sentences aloud after you hear the exercise number, then listen to the audio and repeat.

1. une belle Américaine

2. un pique-nique à la campagne

3. Il s'appelle Michel.

4. Cet homme est grand et intelligent.

5. Elle a une belle bague de fiançailles.

Buts communicatifs

BUT I

C Antonymes. Écrivez des expressions qui veulent dire à peu près le contraire des expressions données.

MODÈLE: se marier _____divorcer_____

1. se disputer _____

2. se séparer _____

3. mariés _____

4. C'est passionnant! _____

5. épouser _____

6. triste _____

BUT IA

D «**Nos chers enfants**». Complétez ce dialogue avec le verbe **dire**. Attention au choix des temps!

1. —_____-moi, qu'est-ce qui est arrivé?

2. —Jérôme _____ à Samira qu'il l'aimait et qu'il allait l'épouser.

3. Il lui _____ hier soir que sa femme et lui avaient l'intention de divorcer.

4. —Sans blague! Moi, je déteste cet imbécile. Il _____ à toutes les femmes qu'il les aime.

5. Tu verras, demain il _____ la même chose à Camille.

6. Hier, je t'_____ que les hommes _____ n'importe quoi (*anything*).

E **À vous.** Que dites-vous dans les situations suivantes? Répondez d'après le modèle. Attention aux temps des verbes!

MODÈLE: Que dites-vous généralement si vous entendez dire qu'une de vos amies va se marier?

Je dis généralement: «Ah! ça devient sérieux!» ou _Je dis généralement: «Sans blague?»_

1. Que dites-vous si votre camarade de chambre vous réveille à 5 h du matin?

_____

2. Que dites-vous à quelqu'un que vous aimez?

_____

3. Vos amis et vous, que disiez-vous à vos professeurs de lycée quand vous ne rendiez pas vos devoirs?

_____

4. Et que disaient vos professeurs si vous ne rendiez pas vos devoirs?

_____

5. Que diront vos parents si vous décidez de ne pas passer les vacances chez eux?

_____

6. Qu'est-ce qu'on dit en français si on veut refuser poliment de boire quelque chose?

_____

7. Que dites-vous si quelqu'un vous dit que vous parlez bien le français?

_____

BUT IB

F **Qu'est-ce qu'on leur donne?** Créez des phrases logiques d'après le modèle. Utilisez **lui** ou **leur** et une expression de la liste dans chaque phrase.

des chèques	*des fleurs*	*la voiture*
des examens	*une bague de fiançailles*	*quatre euros*
le permis de conduire	*des devoirs*	

MODÈLE: *(l'employé de banque)* On _lui_ donne _des chèques._ .

1. *(les étudiants)* On _____ donne _____.

2. *(la fiancée)* On _____ donne _____.

3. *(les professeurs)* On _____ donne _____.

4. *(le garagiste)* On _____ donne _____.

5. *(l'agent de police)* On _____ donne _____.

6. *(le vendeur de journaux)* On _____ donne _____.

7. *(une amie qui est à l'hôpital)* On _____ donne _____.

G Dis-moi, qu'est-ce que je fais maintenant? François donne des conseils à son camarade de chambre. Écrivez les phrases de François à l'impératif et remplacez le complément d'objet indirect en italique par un pronom.

MODÈLE: J'écris la lettre *à Joëlle?*

_____*Oui, écris-lui la lettre!*_____ ou _*Non, ne lui écris pas la lettre!*_

1. Je dis la vérité *à ma mère?*

Oui, _____

2. J'explique la situation *à l'ancien ami de Joëlle?*

Non, _____

3. Nous racontons tout *aux parents de Joëlle?*

Oui, _____

4. Nous rendons visite *à mes grands-parents?*

Oui, _____

5. Nous téléphonons *au professeur?*

Oui, _____

6. Je donne la bague de fiançailles *à Joëlle* ce week-end?

Non, _____

7. Et je dis *à Joëlle* qu'il faut attendre jusqu'à Noël pour le mariage?

Oui, _____

H Je voudrais savoir… Anne pose des questions à son fiancé Louis. Imaginez que vous êtes Louis et répondez-lui en utilisant un pronom complément d'objet indirect.

MODÈLE: Est-ce que tu vas me demander pardon?

_____*Oui, je vais te demander pardon.*_____ ou _*Non, je ne vais pas te demander pardon.*_

1. Je peux te téléphoner ce soir pour savoir comment ta journée s'est passée?

_____

2. Ou tu m'envoies un texto?

_____

3. Je sors avec une copine ce soir. Tu nous prêtes la voiture?

_____

4. On va au centre commercial. On vous achète ce jeu vidéo que Marc et toi vouliez?

_____

5. Marc t'a dit s'il venait au mariage?

_____

6. Le centre commercial ferme à 20 h 30. Tu nous téléphoneras vers 21 h?

_____

I **Des obligations.** Quand la mère de Léo et Étienne leur fait des recommandations, ils sont d'accord. Écrivez leurs réponses d'après le modèle. Utilisez le verbe **aller** et remplacez les expressions en italique par un pronom complément d'objet direct ou indirect.

MODÈLE: Il faut que vous écriviez *à vos grands-parents*.   _D'accord, nous allons leur écrire._

1. Il ne faut pas que vous oubliiez de téléphoner *à vos cousines*.

_____

2. Léo, il faut que tu écrives *à ton oncle Antoine*.

_____

3. Étienne, ce week-end, il faut que tu parles *à tes cousines* de ton université.

_____

4. Et Étienne, quand tu vas chercher tante Odile, il faut absolument que tu prennes *la Renault*.

_____

5. Et il ne faut pas que tu conduises *la voiture* comme un fou.

_____

6. Léo, il faut que tu montres les photos de ton voyage à Lille *à Odile*.

_____

7. Ne regardez pas *la télé* pendant le dîner.

_____

8. Et quand Odile jouera du piano, il faudra que vous écoutiez *les morceaux* patiemment.

_____

J **Une amie sensationnelle.** Complétez le paragraphe suivant avec des pronoms compléments d'objet directs ou indirects.

Mira est une amie formidable! Je _____ connais depuis longtemps. Elle et moi, nous nous entendons très bien et nous avons les mêmes goûts. Je _____ emprunte ses CD et je _____ prête mes DVD. Je _____ parle toujours de mes problèmes. Je _____ demande ce qu'elle pense de mes projets et elle _____ donne des conseils. Quand elle rentre d'un rendez-vous, par exemple, elle _____ raconte tout ce qui est arrivé. Moi aussi, quand je sors avec quelqu'un, je _____ dis tout.

Ses parents sont très gentils. Ils aiment beaucoup les étudiants étrangers et ils _____ demandent souvent de _____ rendre visite. Au fait, je viens de _____ téléphoner pour _____ dire que j'irai _____ voir samedi. Ils habitent dans une grande maison près de Fez. Tiens, Ophélie, si tu veux venir avec moi, je suis sûre qu'ils seront heureux de _____ inviter. On passera un week-end super!

🔊 **K** **Les feuilletons.** Marc et Patrice parlent de feuilletons. Écoutez leur conversation et choisissez les réponses
Track 4-15 justes pour compléter les phrases suivantes.

1. Marc _____ les feuilletons.

   a. adore   b. aime bien   c. n'aime pas

2. Marc pense que les feuilletons sont _____.

   a. romantiques   b. ennuyeux   c. passionnants

3. D'après Marc, les feuilletons parlent toujours _____.

   a. de la vie de couple   b. des problèmes familiaux   c. des amoureux (*people in love*)

4. D'après Marc, les couples dans les feuilletons finissent par (*end up*) _____.

   a. s'aimer   b. se marier   c. se séparer

5. Patrice est _____.

   a. marié   b. divorcé   c. célibataire

BUT 2C

L **Tu crois?** On parle d'une émission de téléréalité. Complétez les phrases avec la forme convenable de **croire** et
de **voir**. Utilisez le présent, le futur, le passé composé ou l'infinitif selon le contexte.

MODÈLE: Je _crois_ (croire) qu'ils vont se séparer.

1. —Jacques, est-ce que tu _____ (voir) l'émission hier soir?

2. —Oui! Je ne peux pas _____ (croire) ce qui est arrivé!

3. Trois personnes se sont disputées. Tu _____ (croire) qu'ils vont voter contre Jerri?

4. —Je _____ (ne pas voir) l'émission de la semaine dernière. Qu'est-ce qui s'est passé?

5. —Jerri _____ (croire) voir Kel manger de la viande sèche.

6. —Je _____ (croire) qu'elle a menti [*lied*] pour que les autres votent contre Kel.

7. —Tu penses que les autres l'_____ (croire)?

8. —Je ne sais pas, mais j'_____ (voir) que Mad Dog était en colère!

9. —Est-ce que tu _____ (voir) l'émission de la semaine prochaine?

10. —Non, je ne _____ (croire) pas. Tu me raconteras?

BUT 2D

M **Perdu** *(Clueless).* Un de vos amis n'a pas assisté au cours la semaine dernière, et maintenant il est complètement
perdu. Écrivez ses questions en utilisant d'abord la forme correcte de l'adjectif **quel**, et ensuite les pronoms interrogatifs comme **lequel, auquel** et **duquel**. Faites attention à l'accord!

MODÈLE: —Nous avons parlé *des pronoms.*   — *De quels pronoms?* _____

             —Des pronoms interrogatifs.   — *Desquels?* _____

1. —Nous avons appris *les verbes.*   — _____

   —Les verbes **voir** et **croire.**   — _____

2. —Nous avons compris *la leçon.*   — _____

   —La leçon sur les pronoms compléments d'objet indirects.   — _____

3. —Nous répondrons *aux questions*.

—Aux questions de la section «À vous».

———————————————————

———————————————————

4. —Nous aurons une bonne note *à l'examen*.

—À l'examen de demain.

———————————————————

———————————————————

5. —Nous sommes allés voir *le film*.

—Le film que le prof a recommandé.

———————————————————

———————————————————

6. —Nous te parlerons *de la leçon la plus difficile*.

—De la leçon sur le subjonctif.

———————————————————

———————————————————

BUT 3E

Ⓝ Quelle soirée! Vous entendez des bribes *(snippets)* de conversations pendant une soirée d'étudiants. Reconstruisez les phrases en utilisant les pronoms relatifs **qui, que** ou **dont,** selon le besoin.

MODÈLE: J'ai mangé un hamburger. <u>Ce hamburger</u> m'a rendu malade.

J'ai mangé un hamburger qui m'a rendu malade.

MODÈLE: J'ai mangé une pizza. J'ai beaucoup aimé <u>cette pizza</u>.

J'ai mangé une pizza que j'ai beaucoup aimée.

MODÈLE: J'ai mangé un couscous. Je me souviendrai toujours <u>de ce couscous</u>.

J'ai mangé un couscous dont je me souviendrai toujours.

1. Va voir «La Joconde.» «<u>La Joconde</u>» s'appelle aussi *Mona Lisa*.

———————————————————————————————————

2. Voici l'étudiante. Vous m'avez parlé <u>de cette étudiante</u>.

———————————————————————————————————

3. Le manteau est à toi? <u>Le manteau</u> est sur le sofa.

———————————————————————————————————

4. *Le Monde* est un journal français. Je préfère <u>Le Monde</u>.

———————————————————————————————————

5. J'ai oublié le nom du livre. Tu m'as conseillé de lire <u>ce livre</u>.

———————————————————————————————————

6. Marc t'a apporté le cadeau. <u>Ce cadeau</u> est sur la table.

———————————————————————————————————

7. Carthage est une ville. Il ne reste plus rien <u>de cette ville</u>.

———————————————————————————————————

8. Les étudiants ont des difficultés à vivre. <u>Ces étudiants</u> sont pauvres.

———————————————————————————————————

9. Cet homme semble perdu. Tu vois <u>cet homme</u> là-bas.

———————————————————————————————————

10. Je ne connais pas ces gens. <u>Ces gens</u> sont venus te voir.

———————————————————————————————————

⊙ Des goûts et des couleurs *(Personal preferences).* Utilisez un pronom relatif (**que, qui** ou **dont**) pour compléter les phrases suivantes d'après vos préférences.

MODÈLE: J'aime les romans *qui sont passionnants.*   *(Les romans* sont passionnants.)
                 que j'achète à la gare.   (J'achète *les romans* à la gare.)
                 dont je t'ai parlé hier.   (Je t'ai parlé *de ces romans* hier.)

1. Le Maroc est un pays _____

2. J'aime les profs _____

3. Va voir ce film _____

4. Je n'aime pas les gens _____

5. C'est un étudiant _____

BUT 3F

🔊 **Ⓟ La récréation. Partie A.** Didier, un petit garçon, parle avec la maîtresse à l'école. Écoutez leur conversation
Track 4-16   et ensuite, choisissez les réponses justes pour compléter les phrases suivantes. (Ce sont des phrases que vous avez entendues dans la conversation.)

1. le garçon dont _____

2. le garçon qui _____

3. le garçon que _____

     ... j'ai mangé à midi

     ... le blue jean est trop court

     ... aime la pizza

     ... est là-bas

     ... les autres enfants détestent

     ... on parle

🔊 **Partie B.** Écoutez la conversation encore une fois. Ensuite, décidez si l'information dans les phrases suivantes est vraie (V), fausse (F) ou non mentionnée (NM).

1. Didier pleure.	V	F	NM
2. Michaël est le garçon qui a pris le jouet.	V	F	NM
3. Les enfants n'aiment pas Didier.	V	F	NM
4. La maîtresse est fâchée.	V	F	NM
5. Michaël est toujours très gentil.	V	F	NM
6. La maîtresse regrette que les deux garçons ne s'entendent pas.	V	F	NM

Ⓠ Des sentiments. Choisissez une expression de la liste pour donner vos réactions. Suivez le modèle et utilisez le subjonctif.

je suis ravi(e) que	*je suis content(e) que*	*il est incroyable que*
il est ridicule que	*il n'est pas possible que*	*c'est dommage que*
je suis désolé(e) que	*je suis triste que*	*je regrette que*
je suis fâché(e) que		

MODÈLE: Il n'y a pas de cours vendredi. *Je suis content(e) qu'il n'y ait pas de cours vendredi.*
                                          ou *Il est ridicule qu'il n'y ait pas de cours vendredi.*

1. Nous parlons français entre nous.

_____

2. Quelques étudiants veulent toujours répondre en anglais.

_____

3. Le professeur explique bien la leçon.

_____

4. On a beaucoup de devoirs.

_____

5. Nous avons un examen vendredi après-midi.

_____

6. Je pourrai me reposer ce week-end.

_____

7. Mes parents viendront me rendre visite.

_____

8. Toi et moi, nous irons voir un film samedi soir.

_____

9. Nous pourrons passer du temps ensemble.

_____

10. Il va pleuvoir.

_____

BUT 3G

R Des besoins. Écrivez les réponses du réceptionniste de l'hôtel Luxor à Rabat, qui utilise à chaque fois le pronom **en**. Faites attention de placer le pronom devant le verbe qu'il modifie!

MODÈLES: Avez-vous *des journaux américains?*
            Oui, j'en ai.
            Où est-ce que je peux trouver *des cachets d'aspirine?*
            Vous pouvez en trouver à la pharmacie.

1. Pardon, où est-ce qu'on vend *des cigarettes?*

_____

2. Où pouvons-nous trouver un *bon dîner peu cher?*

_____

3. Combien de *vins* y a-t-il dans leur liste des vins?

_____

4. Est-ce qu'on peut boire *du café* tard le soir?

_____

5. Combien de *chambres libres* avez-vous?

_____

6. Est-ce que vous avez *des brochures touristiques*?

_____

7. Qui vend *de belles cartes postales*?

_____

8. Où y a-t-il *une boulangerie* près d'ici? (Réponse: *dans la rue Voltaire*)

_____

Intégration

🔊 **Ⓢ Racontez-nous vos problèmes. Partie A.** Vous allez écouter une émission de radio. Écoutez l'introduction de l'animatrice, puis arrêtez l'enregistrement et répondez aux questions. Voici une liste d'expressions pour aider votre compréhension.

Track 4-17

MOTS UTILES:	les auditeurs	*listeners*
	bienvenu(e)(s)	à *welcome to*
	un épisode	*episode*

1. Les gens téléphonent à l'émission *Racontez-nous vos problèmes* pour ...

_____ a. demander comment réparer leurs voitures.

_____ b. demander des conseils sur leurs problèmes.

_____ c. parler de leurs problèmes de cœur.

2. Quel est le problème de François?

_____ a. Il ne s'entend pas bien avec son père.

_____ b. Son père ne s'entend pas bien avec sa mère.

_____ c. Il ne s'entend pas bien avec sa femme.

🔊 **Partie B.** Maintenant, François va expliquer son problème. Écoutez-le et ensuite, répondez aux questions. Voici une liste d'expressions pour aider votre compréhension.

MOTS UTILES:	un camionneur	*truck driver*
	un ingénieur	*engineer*
	incroyable	*unbelievable*

1. Comment François se décrit-il?

_____ a. Il dit qu'il est camionneur.

_____ b. Il dit qu'il n'est pas aussi intelligent que la plupart des gens.

_____ c. Il dit que son père est camionneur.

2. Pourquoi est-ce que le père n'aime pas le travail de son fils?

_____ a. Parce qu'il faut travailler le week-end et le soir.

_____ b. Parce que ce travail n'est pas bien rémunéré (*paid*).

_____ c. Parce qu'il regrette que son fils ne soit pas comme lui.

Partie C. Écoutez la deuxième partie de ce que dit François et ensuite, choisissez la bonne réponse aux questions. Voici une liste d'expressions pour aider votre compréhension.

MOTS UTILES: un client — *customer*
pas mal de — *quite a bit of*
livrer du stock — *to deliver merchandise*

1. Pourquoi François a-t-il gagné le prix de la Route?

_____ a. Parce que c'est le meilleur camionneur et parce qu'il n'est jamais en retard.

_____ b. Parce que les clients demandent qu'il livre leur stock.

_____ c. **a** et **b**

2. Comment sait-on que François gagne bien sa vie?

_____ a. Il gagne des milliers d'euros *(thousands of euros)* par semaine.

_____ b. Il a une nouvelle maison.

_____ c. Il est content.

Partie D. Écoutez les conseils des auditeurs *(listeners)* et ensuite, répondez aux questions. Voici une liste d'expressions pour aider votre compréhension.

MOTS UTILES: coincé(e) au milieu — *stuck in the middle*
fier/fière — *proud*
malgré — *in spite of*
faites-nous savoir — *let us know*
résoudre — *to resolve*

1. La première personne qui appelle pense que François est comme ...

_____ a. son mari.

_____ b. sa fille.

_____ c. son frère.

2. Elle croit que François ...

_____ a. n'est pas assez indépendant.

_____ b. est trop fier.

_____ c. est courageux.

3. Jacques fait une comparaison entre François et ...

_____ a. son père.

_____ b. son frère.

_____ c. sa mère.

4. Jacques pense que François est ...

_____ a. courageux.

_____ b. trop indépendant.

_____ c. fier.

NOM _____ DATE _____

🔊 Track 4-18 **T À vous.** Fermez vos livres. Répondez aux questions à l'oral et à l'écrit! Vous allez entendre les questions deux fois. Répondez après la deuxième répétition.

1. _____
2. _____
3. _____
4. _____
5. _____
6. _____

RÉDACTION

U Un guide télé. Écrivez un téléguide pour votre professeur de français. D'abord, choisissez cinq émissions que vous connaissez et écrivez une description de chacune d'elles (*of each one of them*). Ensuite, donnez votre avis. Quelle est votre opinion sur chacune de ces émissions? Y en a-t-il que vous trouvez formidables? ridicules? intéressantes? amusantes?

• Avant de commencer, répondez aux questions suivantes.

1. Regardez-vous souvent la télévision?

_____

2. Si oui, quel est votre type de programme préféré? (les documentaires? les films? les émissions de sport? les informations? etc.) Si non, pourquoi ne la regardez-vous pas? (par manque *[lack]* de temps? par manque d'intérêt? etc.)

_____

_____

• Écrivez maintenant votre guide télé.

_____
_____
_____
_____
_____
_____
_____
_____
_____
_____

CHAPITRE 15

Qu'est-ce que je devrais faire?

CONVERSATION

A Qu'est-ce qui s'est passé? Choisissez les phrases de la colonne droite qui complètent les phrases de la colonne gauche.

1. Cette tempête a provoqué … _____

2. Les dégâts sont estimés … _____

3. Il a fallu évacuer les habitants parce qu' … _____

4. Il y a eu un accident mortel sur la route: … _____

5. Le conducteur roulait trop vite. Apparemment … _____

6. Un tremblement de terre … _____

7. Une situation de famine existe quand … _____

8. Une épidémie qui se répand partout est … _____

9. Il est blessé! Il faut … _____

a. un incendie ravageait leurs maisons.

b. trois personnes sont mortes.

c. des inondations.

d. le Sida (*AIDS*).

e. à 3 millions d'euros.

f. a secoué le pays.

g. les gens meurent de faim.

h. il était ivre (*drunk*).

i. administrer les premiers secours.

PRONONCIATION

Track 4-19

B La voyelle [ə]. Partie A. Read the pronunciation section for Chapter 15 of *Entre amis*, and then listen to the words to determine whether the **e** is silent or pronounced. Underline each pronounced **e**, and put a slash through each silent **e**.

MODÈLE: You see and hear:
You underline the pronounced
e and slash the silent ones:

Je ne l'aime pas.

Je n̸e l'aim̸e pas.

1. Votre frère est gentil.

2. Nous prenons le bus mercredi.

3. Ils arriveront dimanche.

4. Est-ce que tu me dis que tu veux me voir?

5. Aline est marocaine?

Partie B. Read the following sentences aloud, after you hear the number, then listen to the audio and repeat.

1. Qu'est-ce que votre mère a dit?

2. Vous venez de Compiègne?

3. Le chauffeur de cette voiture ne regardait pas à droite.

4. Regardes-tu la télé le mercredi et le vendredi?

5. Dans quelle ville est-ce que tu habites?

Buts communicatifs

BUT 1A

C Un accident. Complétez en utilisant selon le cas le passé composé ou l'imparfait des verbes indiqués.

Hier, je *(voir)* _____ un accident. Il *(avoir lieu)*

_____ à 7 h 30, au coin du boulevard des Alpes et de la rue Amat. Il *(neiger)*

_____. Jeanne et moi, nous *(être)* _____

en retard, mais nous *(ne ... pas rouler)* _____ très vite parce que

la route *(être)* _____ glissante. Mais le conducteur d'une Peugeot 308,

qui *(venir)* _____ de la droite à toute vitesse, *(ne ... pas pouvoir)*

_____ freiner au feu rouge et il *(heurter)* _____.

une Volvo. Le conducteur de la Volvo *(être)* _____ blessé. Jeanne et moi,

nous *(téléphoner)* _____ tout de suite au SAMU. L'ambulance *(arriver)*

_____ quelques minutes après.

D Parce que ... Expliquez pourquoi personne n'était content hier, en utilisant le plus-que-parfait des verbes entre parenthèses.

MODÈLE: Marc pleurait. *(perdre son chien)*

     Il avait perdu son chien. _____

1. Julienne avait mal au ventre. *(trop manger)*

_____

2. Denis a eu un accident de voiture. *(conduire trop vite)*

_____

3. Mes parents étaient fâchés contre Viviane. *(rentrer trop tard)*

_____

4. Louis et Pauline avaient mal aux dents. *(manger trop de bonbons)*

_____

5. Nous avions mal aux jambes. *(trop jouer au football)*

_____

6. Le professeur a parlé avec Éric. *(oublier de rendre ses devoirs)*

_____

7. Lucas et Antoine étaient tristes. *(avoir de mauvaises notes)*

_____

8. Emma était sale. *(avoir des problèmes mécaniques)*

_____

9. Muriel avait mal aux yeux. *(utiliser l'ordinateur trop longtemps)*

_____

10. Toi, tu étais déçu(e). *(arriver trop tard au cinéma pour voir le film)*

_____

🔊 **E** **C'était le comble (last straw)!** **Partie A.** Vous allez écouter l'histoire d'un mari jaloux. D'abord, lisez
Track 4-21   l'introduction de l'histoire.

Jean et Diane se sont séparés il y a quinze jours, et ils vont probablement divorcer. Diane habite maintenant dans un petit appartement pas loin de chez Jean. Il est encore très jaloux et continue à l'irriter. Un jour, c'était le comble, et elle a téléphoné à la police. Quelques jours plus tard, elle explique la situation à sa mère.

Maintenant, écoutez l'introduction et la conversation entre Diane et sa mère. Essayez de comprendre les événements principaux de l'histoire. Ne vous inquiétez pas si vous ne comprenez pas tous les détails. Utilisez les questions qui suivent pour prendre des notes.

Qu'est-ce que Jean a fait lundi, mardi et jeudi?

_____

Qu'est-ce que Jean a dit à Diane?

_____

Où est-ce que Diane est allée l'autre soir? Avec qui?

_____

Qu'est-ce que Jean a fait?

_____

🔊 **Partie B.** Écoutez la conversation encore une fois. Cette fois-ci concentrez-vous sur les détails. Qu'est-ce que Jean a fait qui indique qu'il est jaloux? Notez votre réponse ci-dessous.

_____

_____

_____

Partie C. Écoutez la conversation une troisième fois. Identifiez les trois événements qui ne sont pas arrivés.

_____ Jean attendait Diane quand elle a fini sa classe.

_____ Il l'a appelée où elle travaille.

_____ La mère de Diane a téléphoné à la police.

_____ Diane était au lit quand Jean lui a téléphoné.

_____ Diane a quitté son bureau pour aller au restaurant avec des amies.

_____ Jean a envoyé des fleurs à Diane.

_____ Diane a téléphoné à la police.

_____ Diane a demandé à Jean de ne plus téléphoner chez elle.

_____ Diane a changé les serrures *(locks)* parce qu'elle avait très peur de Jean.

_____ Jean a dit qu'il l'aimait toujours.

Partie D. Écoutez la conversation une dernière fois et numérotez *(number)* de 1 à 7 dans l'ordre chronologique les événements ci-dessus qui ont eu lieu.

BUT IB

F Une révision. Utilisez le verbe **devoir** au présent et les solutions proposées entre parenthèses pour répondre à votre amie.

MODÈLE: Je veux réussir à mon examen. *(étudier ce soir)*

Alors, tu dois étudier ce soir. _____

1. Nous voulons maigrir. *(faire du jogging)*

_____

2. Ma sœur veut voyager en Afrique l'été prochain. *(faire des économies)*

_____

3. André veut se marier avec moi. *(acheter une bague de fiançailles)*

_____

4. Mes colocataires veulent regarder le match de basket ce soir. *(d'abord finir de nettoyer l'appartement)*

_____

5. J'ai mal à la tête. *(prendre de l'aspirine)*

_____

6. Je voudrais me reposer. *(ne pas sortir ce soir)*

_____

G **L'orientation.** Vous êtes à une réunion d'orientation d'étudiants qui vont aller en France cet été. Utilisez le temps du verbe **devoir** qui convient le mieux au contexte. (Choisissez entre le présent, l'imparfait, le passé composé et le futur.)

MODÈLE: J'ai eu un accident de voiture hier soir; et je _*dois*_____ prendre le bus aujourd'hui.

1. Pourquoi est-ce que Kelly n'est pas ici? Elle _____ être malade.

2. Quel temps fera-t-il à Paris en juin? Nous _____ apporter un parapluie.

3. À cause du prix des billets d'Air France, nous _____ acheter des billets avec KLM, parce qu'ils étaient moins chers.

4. Nous arriverons en Belgique et nous _____ aller à Paris en train.

5. Pauvre Julien! Il _____ venir avec nous, mais il n'a pas assez d'argent pour cet été.

6. Souviens-toi! Tu me _____ 10,50 euros pour le *Guide des rues de Paris* que je t'ai acheté hier!

7. Mon professeur de français n'a pas pu envoyer sa lettre de recommandation. Il _____ être trop occupé!

8. Avant de partir ce soir, vous _____ me donner votre numéro de téléphone.

BUT IC

H **Témoin d'un accident.** Un agent de police demande des précisions au témoin d'un accident. Posez les questions de l'agent en suivant le modèle.

MODÈLE   LE TÉMOIN: *Il* a freiné trop tard.

      L'AGENT: _*Qui est-ce qui a freiné trop tard?*___ ou _*Qui a freiné trop tard?*_____

      LE TÉMOIN: J'ai entendu *quelque chose.*

      L'AGENT: _*Qu'est-ce que vous avez entendu?*_____

1. LE TÉMOIN: *Elle* roulait très vite.

   L'AGENT: _____

2. LE TÉMOIN: *Quelque chose* traversait la rue.

   L'AGENT: _____

3. LE TÉMOIN: *Elle* ne faisait pas attention.

   L'AGENT: _____

4. LE TÉMOIN: *La route* était très glissante.

   L'AGENT: _____

5. LE TÉMOIN: Un monsieur a dit «*Mince!*»

   L'AGENT: _____

6. **LE TÉMOIN:** *Une voiture de marque japonaise* a heurté ma voiture.

   L'AGENT: _____

7. **LE TÉMOIN:** J'ai entendu *deux personnes* qui parlaient espagnol.

   L'AGENT: _____

8. **LE TÉMOIN:** J'ai vu *une femme* sortir de la voiture.

   L'AGENT: _____

9. **LE TÉMOIN:** Elle m'a demandé *de l'aider*.

   L'AGENT: _____

10. **LE TÉMOIN:** Elle disait *des choses* que je ne comprenais pas.

    L'AGENT: _____

I La carte postale à moitié effacée *(smudged)*. Louise Lambert a envoyé une carte postale à son amie Syl-vie, mais il a plu, et Sylvie ne peut pas tout comprendre. Louise téléphone à Sylvie et lui pose des questions con-cernant les parties de la carte qu'elle ne pouvait pas lire. Lisez la carte et ensuite écrivez les questions de Sylvie.

> Cancun, le 10 juillet.
> Chère Sylvie,
>   Je t'écris ces quelques lignes
> pour te dire que je m'amuse beaucoup.
> Hier, j'ai visité ▨▨▨▨ (1). Je trouve cet endroit
> très beau. Et ▨▨▨▨ (2) est passionnant!
> Je suis chez ▨▨▨▨ (3) depuis trois jours.
> ▨▨▨▨ (4) est arrivé hier. Il m'a dit ▨▨▨ (5)
> ▨▨▨▨ (6) et moi, nous sommes sortis
> dîner hier soir. Cet après-midi, je vais
> contacter notre ami ▨▨▨▨ (7). Si tu
> veux, nous pourrons ▨▨▨▨ (8) quand je
> serai de retour, d'accord? Je te passerai
> un coup de téléphone avant mon retour.
> amicalement, Louise

MODÈLE: 1. *Qu'est-ce que tu as visité hier?* _____

2. _____

3. _____

4. _____

5. _____

6. _____

7. _____

8. _____

BUT ID

J **Un mystère.** Complétez le compte rendu d'un inspecteur de police en utilisant **personne, rien** ou **quelqu'un** selon le besoin de la phrase.

1. _____ m'a téléphoné à 6 h pour me parler.

2. Mais il ne voulait _____ dire au téléphone.

3. Une fois arrivé chez lui, le monsieur m'a dit que _____ d'extraordinaire n'était arrivé.

4. Son amie a vu _____ qui portait des lunettes.

5. Elle a eu très peur; alors elle n'a _____ dit quand elle l'a vu.

6. On a entendu du bruit? Non, _____ n'a entendu de bruit.

7. Ensuite, on a remarqué que _____ avait pris des fourchettes et des couteaux.

8. _____ d'autre ne manquait.

9. Et _____ ne sait où sont les fourchettes et les couteaux maintenant.

10. Bref, _____ ne sait exactement ce qui est arrivé.

BUT 2E

K **Au restaurant.** Utilisez le conditionnel pour demander des services plus poliment.

MODÈLE: Nous voulons une table pour quatre, s'il vous plaît.

Nous voudrions une table pour quatre, s'il vous plaît.

1. Nous voulons une table sur la terrasse.

_____

2. Pouvez-vous me dire où se trouvent les toilettes?

_____

3. Voulez-vous nous recommander un plat?

_____

4. Est-ce que vous pouvez nous expliquer ce que c'est que «le steak tartare»?

_____

5. Je veux de la tarte aux pommes.

_____

6. Nous désirons avoir l'addition, s'il vous plaît.

_____

CHAPITRE 15   195

L Ce qu'on devrait faire pour avoir une bonne note. Écrivez des phrases complètes avec le verbe **devoir** au conditionnel d'après le modèle.

MODÈLE: les étudiants / arriver à l'heure

   Les étudiants devraient arriver à l'heure.

1. les étudiants / rendre toujours leurs devoirs à temps

_____

2. Marie / ne ... pas s'endormir en classe

_____

3. Adihaha / prendre des notes

_____

4. Soline et Lucie / étudier la grammaire

_____

5. Jacob et Bill / répondre en français

_____

6. nous / demander des explications

_____

7. les étudiants / lire la leçon avant le cours

_____

8. le professeur / être content quand les étudiants parlent français

_____

M Si on gagnait au loto ...? Formez des phrases complètes pour suggérer ce que les gagnants *(winners)* du loto pourraient faire.

MODÈLE: Julie / vendre sa moto / acheter une voiture de sport

   Julie vendrait sa moto et achèterait une voiture de sport.

1. Les Dubois / organiser une grande fête de trois jours / partir en vacances en Corse

_____

2. Lucas / inviter tous ses amis / voyager avec tout le groupe à Tahiti

_____

3. Mes parents / acheter de nouveaux meubles *(furniture)* / mettre le reste de l'argent à la banque

_____

4. Ma meilleure amie, mon copain et moi / dîner dans un des grands restaurants parisiens / faire le tour du monde

_____

5. Les étudiants du cours de français / faire un voyage en France, au Maroc et au Sénégal / y rester toute une année

_____

6. Ma cousine / rendre visite à toutes ses amies / faire un voyage en Inde

_____

7. Mon oncle Joseph / ne ... plus travailler / se reposer en Espagne

_____

8. Votre professeur / aller en Guadeloupe / écrire un roman

_____

9. Et vous? Que feriez-vous si vous gagniez cinq millions d'euros au loto? Mentionnez cinq choses.

_____

_____

_____

_____

_____

_____

BUT 2F

Ⓝ Ah! Si j'étais riche ...! Complétez les phrases suivantes en utilisant le présent du conditionnel.

MODÈLE: Si j'étais riche, je ne *(venir)* pas au cours.

Si j'étais riche, je ne viendrais pas au cours.

1. ... je *(faire)* _____ le tour du monde.

2. ... je *(voyager)* _____ en avion.

3. ... je *(prendre)* _____ des vacances à Tahiti tous les étés.

4. ... mes frères *(venir)* _____ avec moi en vacances.

5. ... j' *(offrir)* _____ une belle voiture à mes parents.

6. ... nous ne *(faire)* _____ plus la vaisselle.

7. ... mon fils *(pouvoir)* _____ faire ses études à Harvard.

8. ... j' *(habiter)* _____ dans un beau château.

9. ... nous *(être)* _____ tous très heureux.

10. ... la vie *(être)* _____ belle!

Intégration

Track 4-22 **⊙ Des nouvelles (News).** Écoutez la conversation entre deux amies. Ensuite, indiquez si l'information dans chaque phrase qui suit est vraie (V) ou fausse (F). Écoutez la conversation plusieurs fois si nécessaire.

1. Les deux amies sont mariées.   V   F

2. Une amie a mangé au restaurant hier.   V   F

3. Elles parlent d'une mauvaise nouvelle.   V   F

4. Au début, l'amie à qui on annonce la nouvelle ne la croyait pas.   V   F

5. Les deux femmes vont partir ensemble aux États-Unis.   V   F

Track 4-23 **Ⓟ À vous.** Fermez vos livres. Répondez aux questions à l'oral et à l'écrit! Vous allez entendre les questions deux fois. Répondez après la deuxième répétition.

1. _____

2. _____

3. _____

4. _____

5. _____

6. _____

Ⓠ *Rédaction*: Le voyage de mes rêves. Si vous aviez deux semaines de vacances, iriez-vous à Port-au-Prince, à Rabat, à Dakar, à Montréal ou à Genève? Après avoir fait votre choix hypothétique, vous allez écrire un e-mail à un(e) ami(e).

• Répondez à ces questions.

1. Quels endroits est-ce que vous visiteriez?

_____

2. Combien de temps y passeriez-vous?

_____

3. Voyageriez-vous seul(e) ou avec quelqu'un?

_____

4. Quels hôtels est-ce que vous choisiriez?

_____

5. Vous feriez des réservations pour quelle sorte de chambre?

_____

6. Quels gens est-ce que vous aimeriez rencontrer?

_____

7. Quelles activités aimeriez-vous faire pendant le voyage?

_____

- À l'aide des réponses que vous avez écrites plus haut, écrivez votre e-mail à votre ami(e).

_____

_____

_____

_____

_____

_____

_____

_____

_____

_____

_____

_____

_____

_____

_____

_____

Video Worksheets

Video Worksheets

The video worksheets provide lexical and cultural preparation for the *Entre amis* video. Since the video is not meant to be a replica of the text but rather a vibrant slice of life involving native speakers of French, the language is not limited to expressions students have learned to use in the classroom. Studying the **Vocabulaire à reconnaître** sections that begin each worksheet and then completing the short activities that follow will facilitate student comprehension and enjoyment of the video.

Text to Video Correlation	
Chapter 1	Introduction
Chapter 2	Module 1
Chapter 3	Module 1
Chapter 4	Module 2
Chapter 5	Module 2
Chapter 6	Module 3
Chapter 7	Module 4
Chapter 8	Module 5
Chapter 9	Module 6
Chapter 10	Module 7
Chapter 11	Module 8
Chapter 12	Module 9
Chapter 13	Module 10
Chapter 14	Module 11
Chapter 15	Module 12

MAP 1: Paris

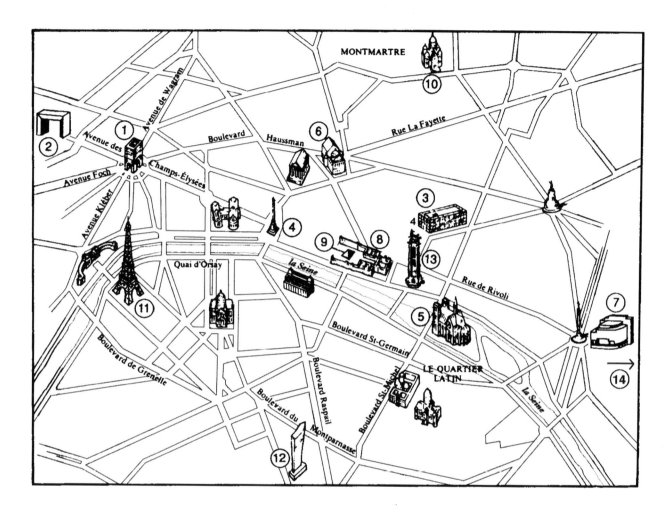

1. Arc de Triomphe
2. Arche de la Défense
3. Centre Pompidou
4. Place de la Concorde
5. Notre-Dame de Paris

6. Opéra de Paris
7. Opéra de la Bastille
8. Palais du Louvre
9. Pyramide du Louvre
10. Sacré-Cœur

11. Tour Eiffel
12. Tour Montparnasse
13. Tour Saint-Jacques
14. Bois de Vincennes

MAP 2: Pour aller chez Marie-Christine

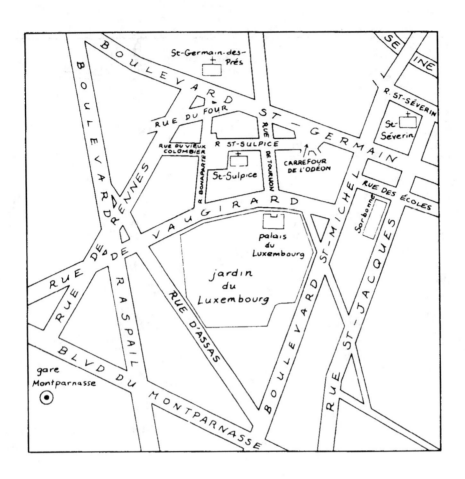

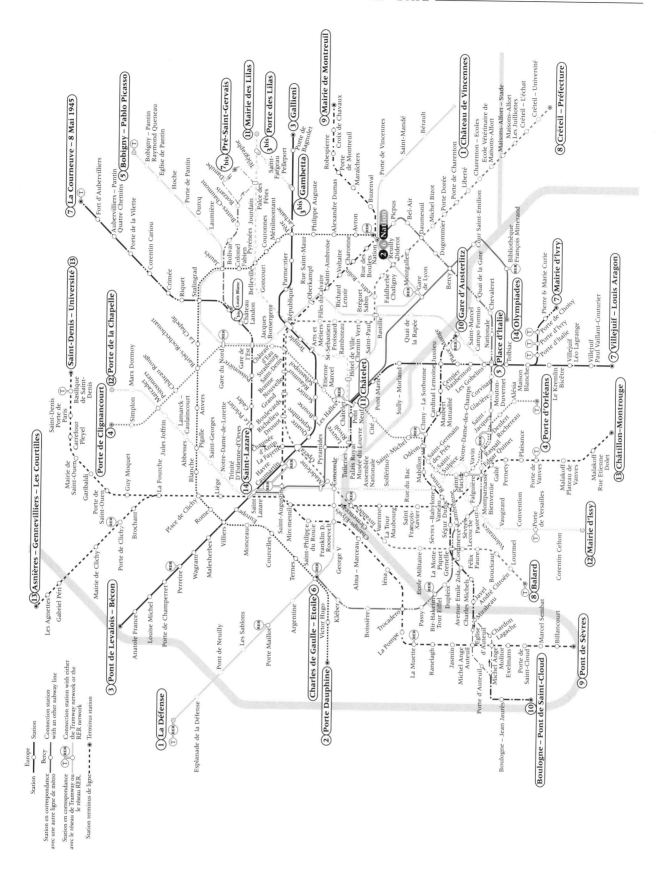

CHAPITRE 1

Introduction

VOCABULAIRE À RECONNAÎTRE

Endroits (*places*)

la France
la Martinique
le Québec
la Réunion
le Sénégal
la Tunisie

Nationalités / Identification régionale

française / français
martiniquaise / martiniquais
canadienne/ canadien (québécoise / québécois)
réunionnaise / réunionnais
sénégalaise / sénégalais
tunisienne / tunisien

A **Connexion culturelle.** Use the maps on the inside covers of *Entre amis* to locate the following French-speaking places. Then draw lines to connect them to the general geographic locations where they are found.

1. la France

2. la Martinique

3. le Québec

4. la Réunion

5. le Sénégal

6. la Tunisie

a. les Antilles

b. le Canada

c. l'Afrique

d. l'Europe

e. l'Océan indien

B **Identifications.** Watch the introduction to the *Entre amis* video and then complete the sentences by selecting the appropriate name from the following: Alissa, Bruno, Jean-François, Marie-Christine, Moustafa, Yves.

1. Je suis canadien. Je m'appelle _____.

2. Je suis réunionnaise. Je m'appelle _____.

3. Je suis sénégalais. Je m'appelle _____.

4. Je suis tunisien. Je m'appelle _____.

5. Nous sommes français. Nous nous appelons _____ et

_____.

C Nationalités. Give the nationality or regional identification of each person.

MODÈLE: Quelle est la nationalité de Moustafa?
Il est tunisien.

Quelle est la nationalité (l'identification régionale) ...

1. de Jean-François? _____

2. de Marie-Christine? _____

3. de Bruno? _____

4. d'Alissa? _____

5. d'Yves? _____

D Réflexion. Having examined the maps on the inside covers of your text, how many of the French-speaking areas can you recall from memory? How many English-speaking areas of the world can you name? Why is it that these two languages are spoken in so many different parts of the world?

_____

_____

_____

_____

_____

_____

_____

_____

CHAPITRE 2

Module I: Au tennis

VOCABULAIRE À RECONNAÎTRE

Au tennis *(at the tennis court)*

le tennis	*tennis*
la balle	*ball*
une faute	*an error; out of bounds*
la marque	*mark*
le service	*serve*

Au cinéma *(at the movies)*

le billet	*ticket*
le film d'aventures	*adventure film*
le melodrama	*emotional film; tear-jerker*
une place	*a seat*
la salle de cinema	*movie theater*
La salle est complète.	*The theater is full*

Invitations

Viens!	*Come!*
Viens voir.	*Come and see.*
Allons-y!	*Let's go!*
On y va?	*Shall we go?*

Encouragement ou correction

C'est très bien.	*That's very good.*
Formidable!	*Great!*
Super!	*Super!*
Ce n'est pas vrai!	*That's not true!; No way!*
Tu ne fais pas attention.	*You aren't paying attention*

Note culturelle

La Seine sépare Paris en deux parties. Elle coule d'est en ouest *(flows from east to west)* dans la direction de l'océan Atlantique. La partie au sud *(south)* de la Seine s'appelle **la Rive gauche** et la partie au nord *(north)* s'appelle **la Rive droite.**

A Connexion culturelle. Locate each of these places on Map 1 (**Paris**) at the beginning of the video worksheets. Situate each place on **la Rive gauche** *(left bank* of the Seine: below the river) or on **la Rive droite** *(right bank*: above the river).

1. le Louvre   la Rive _____

2. la tour Eiffel   la Rive _____

3. la place de la Concorde   la Rive _____

4. le bois de Vincennes   la Rive _____

B **Identifications.** Draw a line to connect each place with its appropriate description.

1. le Louvre

2. la tour Eiffel

3. la place de la Concorde

4. le bois de Vincennes

a. park where Jean-François played tennis

b. square at one end of the Champs-Élysées

c. world-famous museum; formerly a palace

d. best-known Parisian landmark; built in the nineteenth century

C **Sont-ils libres ce soir?** *(Are they free this evening?)* Watch the video to determine what each person is doing this evening. Draw lines to match each person to an activity.

1. Jean-François

2. Marie-Christine

3. Nathalie

4. René

a. dîne en famille

b. est libre

c. travaille

D **Vrai ou faux?** Decide if the following statements are true or false. If a statement is false, correct it.

1. Jean-François et René jouent au tennis.

_____

2. Jean-François joue très bien.

_____

3. Il regarde Nathalie.

_____

4. Marie-Christine est la cousine de Nathalie.

_____

5. Marie-Christine n'aime pas les mélodrames.

_____

6. Les Français détestent le sport.

_____

E **Réflexion.** In video module 1 there are several examples of physical contact and gestures that are also depicted in your textbook. These include shaking hands (12), **la bise** (12), and **voilà** (59). Watch the video and check the text to identify each of these. Then decide if this body language is the same or different in your culture. How and when would you use equivalent gestures in your country?

Gesture	Same (S) or Different (D)	How and when would you use?
Shaking hands		
la bise		
Voilà		

CHAPITRE 3

Module I: Au tennis (suite)

VOCABULAIRE À RECONNAÎTRE

La nature

l'air	*air*
la mer	*sea*
la montagne	*mountain*
la rivière	*river*
la terre	*earth*

Les saisons

en été	*in summer*
en automne	*in the fall*
en hiver	*in the winter*
au printemps	*in the spring*
en toute saison	*in any season*

Quelques activités

le cinéma	*movies*
les devoirs	*homework*
la pétanque	*lawn bowling*
le ski	*skiing*
le tennis	*tennis*
le vélo	*bicycling*

Style familier *(familiar style)*

Salut.	*Hi.*
Ouais.	*Yeah.*
T'as d'la chance!	*You're lucky.*
Hein?	*Right?*
Ben, non ...	*Well, no ...*

A Familles de mots. You will recognize the following French words, since they have cognates in English. For each, select a word from the **Vocabulaire à reconnaître** above that is related to it and that would help to explain its meaning.

1. naturel _____

2. aéronautique _____

3. maritime _____

4. hibernation _____

5. montagneux _____

6. automnal _____

7. terrestre _____

8. cinématographie _____

B En quelle saison? Choose the season or seasons most appropriate for each item listed under **Quelques activités** in **Vocabulaire à reconnaître** above.

1. en été _____

2. en automne _____

3. en hiver *le ski* _____

4. au printemps _____

5. en toute saison _____

C Identifications. Watch video module 1 and then complete the following sentences with the appropriate expression.

> *places*   *libres*   *film d'aventures*   *mélodrame*

1. «Vive James Bond» est un _____.

2. «Cérémonie secrète» est un _____.

3. René et Nathalie ne sont pas _____ ce soir.

4. Deux _____ pour «Cérémonie secrète», s'il vous plaît.

D Qui est-ce? Answer the following questions.

1. Comment s'appellent les quatre personnes qui jouent au tennis?

_____

2. Comment s'appelle l'amie de Marie-Christine?

_____

3. Qui est la cousine de René?

_____

4. Comment s'appelle le film d'aventures?

_____

5. Comment s'appelle le mélodrame?

_____

6. Quel film est-ce que Marie-Christine préfère?

_____

E Réflexion. The tennis term *love* comes from the French word **l'œuf** *(egg)*. Likewise, the word *tennis* itself comes from the French verb **tenir: vous tenez** *(you hold)*. Try to give a logical explanation for these two word derivations. What other French tennis terms heard in this module are similar to English expressions?

_____

_____

_____

_____

_____

_____

CHAPITRE 4

Module II:
Le coup de fil

VOCABULAIRE À RECONNAÎTRE

Quelques indications *(A few directions)*

la Rive gauche	*left bank (of the Seine)*
la Rive droite	*right bank (of the Seine)*
à gauche	*on the left*
à droite	*on the right*
dans la rue	*on the street*
vers la place	*towards the square*
par là	*that way*

Dans le 6ᵉ arrondissement *(In the 6th district of Paris)*

le quartier des librairies	*the bookstore area*
la rue du Four	*Du Four Street*
la rue Bonaparte	*Bonaparte Street*
la place Saint-Sulpice	*Saint Sulpice Square*
la rue de Tournon	*De Tournon Street*

L'impatience

Ce n'est pas possible!	*That's not possible!*
La porte ne s'ouvre pas!	*The door doesn't open!*
Il faut que je téléphone tout de suite!	*I've got to make a call right away!*

Ⓐ Connexion culturelle. Look at both Map 1 (**Paris**) and Map 2 (**Pour aller chez Marie-Christine**) at the beginning of the video worksheets to locate **rue de Tournon**. Decide whether it is on **la Rive droite** or **la Rive gauche.** Then explain how you made that decision.

_____

_____

_____

_____

B **Les indications.** Use Map 2 and the vocabulary under **Quelques indications** above to guide someone from **la gare Montparnasse** to: (1) **la Sorbonne** and (2) **la place Saint-Sulpice.**

1. _____
   _____
   _____

2. _____
   _____
   _____

C **À compléter.** Watch video module 2 and then complete the following sentences by choosing the appropriate answer.

1. Aujourd'hui, Jean-François et Marie-Christine _____.
   a. jouent au tennis
   b. font un voyage
   c. font des courses

2. Marie-Christine habite _____, rue de Tournon.
   a. six
   b. seize
   c. soixante

D **La petite chanson.** Listen to what the man in the phone booth is singing. What are the two French adjectives he uses to describe Françoise?

1. _____
2. _____

E **Chez Marie-Christine.** Choose the most appropriate answer.

1. Marie-Christine habite dans la rue _____. (Bonaparte, Saint-Sulpice, de Tournon)

2. Elle habite _____. (dans une maison, dans un appartement)

3. Il faut _____ pour ouvrir la porte. (la clé, le code, la télécarte)

4. Jean-François est assez _____. (nerveux, calme)

F **Réflexion.** Jean-François is helped by two people in this module. What specifically does each one do to help him? Can you name specific situations in your culture where a foreigner might need help?

_____
_____
_____
_____
_____

CHAPITRE 5

Module II: Le coup de fil (suite)

VOCABULAIRE À RECONNAÎTRE

Problèmes

Qu'est-ce qui se passe? *What's happening?*
Qu'est-ce que je vais faire? *What am I going to do?*
Où est-ce qu'on met l'argent? *Where do you put the money?*
Comment est-ce que je peux ouvrir cette porte? *How can I open this door?*
Où est-ce que je peux acheter une télécarte? *Where can I buy a phone card?*

Le téléphone

une cabine *a phone booth*
une télécarte *a smart card for phoning*
une carte *a card*
un coup de fil *a phone call*

Pour ouvrir une porte

avec une clé *with a key*
avec une carte *with a card*
avec un code *with a code*

A **Comment faire cela?** Draw lines to identify each activity with the specific object required. More than one line may be acceptable.

1. acheter une télécarte   a. le code

2. donner un coup de fil   b. l'argent

3. faire des courses   c. la clé

4. ouvrir une porte   d. la carte de crédit

                                    e. la télécarte

B **Dans quel ordre?** Watch video module 2 to determine the order in which the following activities are first heard. Number your answers.

_____ acheter une télécarte

_____ donner un coup de fil

_____ faire des courses

_____ ouvrir une porte

C **Beaucoup de questions.** Answer the following questions.

1. Qu'est-ce que Jean-François et Marie-Christine vont faire aujourd'hui?

_____

2. Est-ce que Marie-Christine habite la Rive gauche ou la Rive droite?

_____

3. Quelle est son adresse?

_____

4. Pourquoi est-ce que Jean-François ne téléphone pas tout de suite *(right away)* à Marie-Christine?

_____

5. Où est-ce qu'on va pour trouver des télécartes?

_____

6. Quel est le code pour la porte de chez Marie-Christine?

_____

D **Réflexion.** The **télécarte** is a smart card. When and where are smart cards used in your country? What are the advantages and disadvantages of this technology?

_____

_____

_____

_____

_____

_____

_____

CHAPITRE 6

Module III: Le métro

VOCABULAIRE À RECONNAÎTRE

Quelques indications

dans la vitrine	*in the shop window*
en face	*across the street*
là	*here; there*
là-bas	*over there*
un peu loin	*a bit far away*

Pour parler des transports

la circulation	*traffic*
prendre une correspondance	*to change (metro or bus) direction*
les transports en commun	*public transportation*
une ligne de métro	*metro line*
une station de métro	*metro stop*

Pour attirer l'attention de quelqu'un *(to get someone's attention)*

Écoute.	*Listen.*
Mais attention.	*Watch out.*
Tiens, ...	*Hey, ...*

Note culturelle

Pour le métro ou l'autobus, on utilise des **tickets**. Il est aussi possible d'utiliser **le passe Navigo qui a remplacé la Carte Orange.** Le Navigo est une carte avec une puce (*chip*) valable pour une semaine ou pour un mois. On met le Navigo sur un lecteur à l'entrée du métro ou de l'autobus et puis, on passe. Mais attention: dans l'autobus, si vous avez un ticket, il faut l'introduire dans la petite machine pour le valider!

A Les transports en commun. Draw lines to match the following places with the corresponding means of public transportation.

1. une gare   a. le bus

2. une station   b. le train

3. un arrêt   c. le métro

B Quelques stations de métro à Paris. Locate the following metro stations on Map 3 (**Le métro**) at the beginning of the video worksheets. Are they on the **Rive droite** or the **Rive gauche**? On which metro lines are they found? (Note: The line number is given in a square box at each endpoint of a line.)

Station	Rive (gauche / droite)	Ligne de métro
Créteil-Préfecture		
Madeleine		
rue Montmartre		
Opéra		
Porte de la Chapelle		

C Ça va. Watch video module 3 to identify the gesture Jean-François makes when he is asked his opinion by Marie-Christine about the item of clothing in the shop window. What does this gesture imply?

_____

_____

D Comment passent-ils la journée? Choose the correct word or expression to complete the following sentences.

1. Aujourd'hui, Jean-François et Marie-Christine font des _____.
   (provisions, courses, devoirs)

2. Ils sont aux _____. (Nouvelles Galeries, Galeries Lafayette)

3. Marie-Christine admire _____ dans la vitrine. (un foulard, une carte, un pull)

4. Jean-François et Marie-Christine traversent la ville de Paris pour

   _____.

   (jouer au tennis, aller au magasin, prendre *(take)* un autobus)

5. Ils ont pris *(took)* _____ ensemble.
   (un autobus, le métro, un taxi)

E Réflexion. Public transportation in France is readily available, relatively inexpensive, and partially government subsidized. Compare this with your experience with public transportation in your own country. What specific advantages and disadvantages are there in each country with respect to public transportation?

_____

_____

_____

_____

_____

_____

_____

CHAPITRE 7

Module IV: La boulangerie

VOCABULAIRE À RECONNAÎTRE

La politesse

S'il vous plaît.	*Please.*
Excusez-moi.	*Excuse me.*
Pourriez-vous m'indiquer ...?	*Could you tell me where there is ...?*
Est-ce que vous auriez ...?	*Would you (possibly) have ...?*
Je suis navré(e).	*I'm so sorry.*

À la boulangerie

Le boulanger chauffe son four.	*The baker heats his oven.*
Le pâtissier prépare des croissants.	*The pastry chef is making croissants.*
du pain	*bread*
des pâtisseries	*pastries*
des pains aux raisins	*raisin buns (cinnamon-raisin rolls)*
des œufs	*eggs*
de la farine	*flour*
du beurre	*butter*

À Montmartre

dans le quartier	*in the neighborhood*
(le) Sacré-Cœur	*Sacred Heart*
la rue des Abbesses	*Des Abbesses Street*
la rue des Mannes	*Des Mannes Street*
en bas des escaliers	*at the foot of the stairs*

A La Basilique. Use Maps 1 (**Paris**) and 3 (**Le métro**) at the beginning of the video worksheets to locate the **Basilique du Sacré-Cœur.** At which station should one get off the metro in order to visit the Basilica?

_____

B Des mots de remplissage *(Filler words).* Watch video module 4, where the following filler words (see *Entre amis,* page 61) are heard in the conversation between Jean-François and the artist. Make a check mark next to these words each time you hear them. Which word is heard the most often?

ben   _____   hein?   _____

bon   _____   oui   _____

euh   _____   voilà   _____

C À compléter. Watch video module 4 and then complete the following sentences.

1. Jean-François trouve que le _____ au café est très cher.
   a. petit déjeuner *(breakfast)*
   b. déjeuner
   c. dîner

2. La boulangerie de la rue des Abbesses est _____.
   a. ouverte *(open)*
   b. fermée

3. Quand Jean-François dit «Ça commence à prendre forme, votre dessin», l'artiste répond

   _____.
   a. Vous trouvez?
   b. Merci beaucoup.

4. La boulangerie de la rue des Mannes est _____.
   a. ouverte
   b. fermée

D Que fait Jean-François? Complete the following sentences.

1. Jean-François a l'intention d'acheter *(buy)* _____.
   (du pain, des croissants, des pâtisseries)

2. Il est _____ quand Jean-François parle avec l'artiste pour la première fois.
   (9 h 15, 9 h 45, 8 h 45)

3. L'artiste se trouve _____.
   (à Montparnasse, au Quartier latin, à Montmartre)

4. L'artiste dessine *(is drawing)* _____.
   (Notre-Dame, le Sacré-Cœur, la Sainte-Chapelle)

5. Jean-François parle _____ fois avec lui.
   (deux, trois, quatre)

6. C'est _____.
   (mercredi, vendredi, dimanche)

7. L'homme qui entre dans la boulangerie avant Jean-François veut _____ croissants. (deux, trois, quatre)

E **Réflexion.** What are Jean-François and Marie-Christine planning for breakfast? Compare breakfast in France with breakfast in your country.

_____

_____

_____

_____

_____

_____

_____

CHAPITRE 8

Module V: Au café

VOCABULAIRE À RECONNAÎTRE

Les premiers contacts

Bienvenue.	*Welcome.*
Bonjour.	*Hello.*
Enchanté(e).	*Very pleased (to meet you).*
Je suis content(e) de vous connaître.	*I'm happy to meet you.*
Salut.	*Hi.*

Possibilités pour un long week-end

faire un voyage	*to take a trip*
prendre le train	*to take the train*
partir à la mer	*to leave for the seashore*
partir à la campagne	*to leave for the countryside*
visiter une cathédrale	*to visit a cathedral*
visiter un château	*to visit a castle*

Note culturelle

«**Faire le pont**» (lit: *to make the bridge*): Si la fête du Premier mai est un jeudi (ou un mardi), beaucoup d'employés ne travaillent pas le vendredi (ou le lundi) non plus. Comme ça, il y a quatre jours de repos: le week-end plus jeudi et vendredi (ou lundi et mardi).

A Combien de bises? Watch video module 5 and count the number of times that the cheeks touch when Marie-Christine kisses Bruno and Alissa (see also *Entre amis*, page 12). _____

B Bonjour. Watch video module 5 to identify the expressions Jean-François and his new acquaintances use when they greet each other.

_____   _____

_____   _____

C Qu'est-ce qu'ils boivent? Watch video module 5 and draw lines to identify what each person orders at the café. (see also *Entre amis*, page 49).

1. Alissa   a. un café crème

2. Bruno   b. un café noir

3. Jean-François   c. un chocolat chaud

4. Marie-Christine

D **Qui va voyager?** Watch video module 5 to learn which person is going to do each of the following:

1. faire un voyage: _____

2. jouer au tennis: _____

3. travailler: _____

E **Écoutez bien.**

1. Quelle est la nationalité de Bruno?

_____

2. Qu'est-ce que les quatre jeunes personnes commandent au café?

_____

_____

3. Quel temps fait-il?

_____

4. Quels sont les quatre jours mentionnés par Marie-Christine pour expliquer le mot «pont»?

_____

5. Qui a un ami qui s'appelle Noël?

_____

6. Pourquoi est-ce qu'ils ne partent pas en voiture?

_____

7. Comment vont-ils voyager?

_____

8. Qui ne va pas voyager? Pourquoi pas?

_____

_____

F **Réflexion.** In this video module, the French holiday of May Day falls on a Thursday, allowing for a four-day weekend (see the **Note culturelle** above). What possibilities are there for four-day weekends in your country?

_____

_____

_____

_____

CHAPITRE 9

Module VI: Le château Saint-Jean

VOCABULAIRE À RECONNAÎTRE

Un château médiéval

du Moyen Âge	*medieval*
une construction solide	*solid construction*
des remparts	*ramparts, outer walls*
sur une colline	*on a hill*
une tour	*tower*
la salle des gardes	*castle guards' room*
une cheminée	*fireplace*
du chauffage	*heat*
se réchauffer	*to warm oneself*
un feu de bois	*a wood fire*

Pour dire qu'on admire quelque chose

Ça valait la peine!	*That was worth it!*
Ça vaut bien une photo!	*That's really worth (taking) a picture!*
C'est beau!	*That's beautiful!*
C'est magnifique!	*That's magnificent!*
C'est pas mal ça, hein?	*It's not bad, huh?*
Qu'est-ce qu'elle est grande!	*How big it is!*

La photographie

un appareil	*camera*
une pellicule	*roll of film*
une photo	*photograph*

Ⓐ Comment les décrire? Watch video module 6 and then draw lines to connect the words on the left with the adjectives used to describe them in the video.

1. une chaleur *(warmth)*
2. un château
3. une cheminée
4. une construction
5. des merles *(blackbirds)*
6. une vue

a. belle
b. spectaculaire
c. bonne
d. beaux
e. médiéval
f. solide

Ⓑ Où se trouvent ces châteaux? Watch video module 6 and then draw lines to match the types of castle and the regions where they are found, according to the video.

Châteaux

1. du Moyen Âge
2. de la Renaissance
3. du dix-septième siècle *(17th century)*
4. du dix-huitième siècle *(18th century)*

Régions

a. dans la vallée de la Loire
b. dans le Midi *(in the south)*
c. dans la région de Bordeaux
d. le long de *(along)* la Seine
e. en Alsace
f. près de Paris

C **Où se trouvent ces régions?** Use the maps on the inside covers of your text. How many of the regions of France mentioned above can you locate?

_____

_____

_____

_____

D **Au château.** Choose the correct answer.

1. Bruno rend visite à _____.
   (Alissa, Nogent, Noël)

2. Avec ses amis, il visite le château _____.
   (Sainte-Jeanne, Saint-Jean, Nogent)

3. Le château se trouve en _____.
   (Normandie, Picardie, Alsace)

4. Dans la salle des gardes, ils admirent _____.
   (la fenêtre, la forêt, la cheminée)

5. La maison de Noël se trouve là-bas _____
   derrière la forêt. (à droite, à gauche, tout droit)

E **Réflexion.** The French often describe their castles and monuments as «**les vieilles pierres**». What are the "old stones" in your country? What would you point out to a tourist who wanted to visit your region?

_____

_____

_____

_____

_____

_____

_____

VOCABULAIRE À RECONNAÎTRE

À la poste

une carte postale	*postcard*
un colis	*parcel; package*
un paquet	*parcel; package*

Quelques indications

à côté du Monoprix	*next to the Monoprix department store*
à peu près _____ mètres	*about _____ meters*
dans la rue piétonne	*on the pedestrian street*
en bas	*down*
jusqu'au feu	*up to the light*
juste en face	*right opposite*
juste là	*right there*
là-bas	*down there*

Qu'est-ce qu'on vend dans les petits magasins?

de la porcelaine	*porcelain*
des articles pour tous les jours	*everyday articles*
de la bijouterie	*jewelry*
des cadeaux	*gifts*
de l'électroménager	*appliances*

A **Pour trouver un endroit.** Study the list **Quelques indications** above. Then, looking at the map on page 284 of *Entre amis*, give directions to the following places.

1. la pharmacie _____

_____

_____

2. la poste _____

_____

_____

B **Qu'est-ce qu'ils font?** Watch video module 7 and then draw lines to indicate which person is associated with the following actions.

1. Alissa

2. Bruno

a. a acheté une pellicule

b. veut envoyer un paquet

c. a acheté des cartes postales

d. va traîner *(hang out)* dans les magasins

e. demande où est la poste

C **Dans les pharmacies.** Watch video module 7 (see also *Entre amis*, page 258) and identify the three items that are specifically mentioned with respect to pharmacies.

_____

_____

_____

D **À la poste.** Complete the following sentences.

1. Quand Alissa dit que les cartes sont jolies, Bruno répond _____.
   («Merci. », «Tu trouves?», «Tu as raison. »)

2. Bruno veut envoyer _____ à sa mère.
   (un cadeau, une carte postale, une lettre)

3. Une femme explique à Bruno que la poste se trouve à _____ mètres.
   (100, 500, 50)

4. On vend de la porcelaine _____.
   (dans les boutiques, dans les petits magasins, à la pharmacie)

5. Bruno a acheté _____ carte(s) postale(s).
   (une, deux, douze)

E **Réflexion.** Compare what you have learned in this video module about shopping in France with shopping in your country.

_____

_____

_____

_____

_____

_____

CHAPITRE 11

Module VIII:
En panne

VOCABULAIRE À RECONNAÎTRE

La Normandie

les champs	*fields*
les collines	*hills*
les fermes	*farms*
le paysage	*countryside*

Les Français et leur voiture

Ils sont amoureux de leur voiture.	*They are in love with their cars.*
Ils ont la passion de la vitesse.	*They have a passion for speed.*
L'automobile reste reine.	*The car remains queen.*
Le chauffeur se croit roi.	*The driver thinks that he's king.*
malgré les embouteillages	*in spite of traffic jams*
malgré le prix élevé de l'essence	*in spite of the high price of gas*

La voiture ne marche pas. *(The car is not working.)*

une panne d'essence	*out of gas*
tomber en panne	*to break down*
ouvrir le capot	*to open the hood*
acheter une nouvelle batterie	*to buy a new battery*
griller le système électrique	*to burn out (a wire)*
pousser la voiture	*to push the car*

A Qu'est-ce qui se passe? Draw lines to connect each expression on the left with its most logical match on the right.

1. Tout le monde dehors *(out).*
2. La voiture ne marche pas.
3. On entend un bruit.
4. Tu ouvres le capot.
5. Ça coûte cher.
6. Elle est en panne d'essence.

a. Je vais regarder le moteur.
b. Le plein *(fill it up)*, s'il te plaît.
c. Le prix est élevé!
d. On pousse.
e. Elle est tombée en panne.
f. Tu viens de griller ton système électrique.

B **Quelles marques de voiture?** Watch video module 8 to identify the three types of French cars that are mentioned.

_____

_____

_____

C **La voiture tombe en panne.** Complete the following sentences.

1. Noël vient d'acheter _____.
   (une nouvelle voiture, une nouvelle batterie, un nouveau système électrique)

2. Émile va regarder. Il faut qu'il ouvre _____.
   (le capot, le système électrique, la batterie)

3. La voiture ne démarre pas parce que _____ ne marche pas.
   (le capot, le système électrique, la batterie)

4. Émile peut la réparer _____.
   (tout de suite, ce soir, demain)

5. Sur l'autoroute, la vitesse est limitée à _____ kilomètres à l'heure.
   (300, 130, 103)

6. Sur les routes nationales, la vitesse est limitée à _____ kilomètres à l'heure.
   (70, 80, 90)

D **Réflexion.** «La vitesse tue» _(Speed kills)_ is often cited to explain the large number of fatal car accidents in France. What are the speed limits in your country? How do they compare with those of France?

_____

_____

_____

_____

_____

_____

_____

_____

CHAPITRE 12

Module IX: Au Centre Pompidou

VOCABULAIRE À RECONNAÎTRE

Pour faire des recherches

un sujet à rechercher	*a research subject*
un dictionnaire	*a dictionary*
une encyclopédie	*an encyclopedia*
faire un rapport sur quelque chose	*to write a report about something*

Le français familier

hein?	*right?, huh?*
chouette	*swell*
un truc	*a thing*
pas mal	*not bad*
ouais	*yeah*

A **Connexion culturelle.** Locate the **Centre Pompidou** and the **Pyramide du Louvre** on Map 1 (**Paris**) at the beginning of the video worksheets. Are they on the **Rive droite** or the **Rive gauche**?

Centre Pompidou: _____

Pyramide du Louvre: _____

B **Deux des lieux les plus visités de Paris.** Watch video module 9 and then draw lines to connect the two famous places mentioned with the descriptions given of them in the video.

1. C'est le Musée national d'art moderne.

2. C'est la nouvelle entrée du musée.

3. C'est un édifice ultramoderne.

4. C'est ou cœur de Paris.

5. Il y a un escalator extérieur.

6. Son architecte s'appelle I. M. Pei.

7. C'est dans la rue Beaubourg.

8. C'est fermé le mardi.

9. Il y a une bibliothèque publique.

a. la Pyramide du Louvre

b. le Centre Pompidou

C **Une visite virtuelle.** Research the **Centre Pompidou** and the **Louvre** on the Internet. Then indicate, for each museum, how much it costs to get in and when it is open.

	Entry fee	Hours of operation
Centre Pompidou		
Louvre		

D **Comment dit-on …?** Choose an expression from **Le français familier** on the previous page to match each of these expressions.

1. formidable _____

2. une chose _____

3. oui _____

4. n'est-ce pas? _____

5. bien _____

E **Les recherches de Moustafa.** Complete the following sentences.

1. D'abord, Yves et Moustafa faisaient des recherches _____.
   (au musée, à la librairie, à la bibliothèque)

2. Moustafa faisait une étude sur _____.
   (la lecture, l'agriculture, l'architecture)

3. Le Louvre est aujourd'hui _____.
   (un musée, un château, une pyramide)

4. La Pyramide du Louvre est fermée _____.
   (le lundi, le mardi, le mercredi)

5. Moustafa a décidé de faire une description de _____ de la Pyramide.
   (l'intérieur, l'extérieur)

6. Le passant a expliqué à Yves et à Moustafa que l'entrée du musée était _____.
   (à côté d'eux, devant eux, derrière eux)

F **Réflexion.** The **Centre Pompidou,** the **Pyramide du Louvre,** and the **tour Eiffel** were all criticized when they were first built. Why do you think this was so? What are examples of modern architecture in your country? Do you think that reaction to new architecture differs from one culture to another? Explain your answer.

_____

_____

_____

_____

_____

_____

CHAPITRE 13

Module X:
Au marché,
rue Mouffetard

VOCABULAIRE À RECONNAÎTRE

Les poisons

des truites	*trout*
des filets de saumon	*salmon fillets*
des tranches de thon	*(slices of) tuna steak*

La préparation des poissons

à la poêle	*fried*
au barbecue	*barbecued*
au four	*baked*

Les fromages

le fromage de chèvre	*goat cheese*
le fromage de vache	*cow cheese*
le fromage de brebis	*ewe (sheep) cheese*

A **Comment les faire cuire (cook)?** Watch video module 10 and then draw lines between the types of fish and the preparation methods recommended in the video.

1. des filets de saumon   a. à la poêle

2. des tranches de thon   b. au barbecue

3. des truites   c. au four

B **À compléter.** Watch video module 10 and then complete the following sentences by choosing the appropriate answer.

1. Aujourd'hui il fait _____.
   a. mauvais
   b. beau

2. Yves se rend au _____ de la rue Mouffetard.
   a. supermarché
   b. magasin
   c. marché

3. Yves veut acheter du poisson pour _____ personnes.
   a. 4
   b. 5
   c. 6

4. À la fin, Yves veut acheter du _____.
   a. rôti
   b. brie
   c. riz

C **Une recette pour le saumon.** Watch video module 10 and then number the following steps in the order in which they occur in the video.

_____ Poivrez. *(Add pepper.)*

_____ Mettez un verre de vin blanc.

_____ Mettez à four moyen une dizaine de minutes. *(Bake at a moderate temperature about ten minutes.)*

_____ Mettez les filets dans un plat en terre beurré. *(Put the fillets in a buttered earthenware dish.)*

_____ Salez. *(Salt.)*

D **À table!** Watch video module 10 to observe the table setting in the middle of the video (see also *Entre amis*, pages 370 and 373). What similarities and/or differences do you notice with respect to the way a table is set in your country?

_____

_____

_____

_____

_____

E **Écoutez bien!** Watch video module 10 and check off below the food items you hear mentioned.

_____ les anchois	_____ le fromage de brebis	_____ le porc
_____ les artichauts	_____ le fromage de chèvre	_____ le poulet
_____ les bananes	_____ le fromage de vache	_____ les radis
_____ le bifteck	_____ les fruits	_____ le riz
_____ les champignons	_____ le gâteau	_____ la salade
_____ la charcuterie	_____ la glace	_____ les sardines
_____ les concombres	_____ les légumes	_____ les saucisses
_____ les cornichons	_____ les melons	_____ le saumon
_____ les croissants	_____ les œufs	_____ la soupe
_____ les desserts	_____ le pain	_____ la tarte
_____ les épinards	_____ le pâté	_____ le thon
_____ les fraises	_____ la pâtisserie	_____ les tomates
_____ les framboises	_____ les petits pois	_____ la truite
_____ les frites	_____ le poisson	_____ la viande
_____ le fromage	_____ les pommes de terre	

F **Réflexion.** The open-air market and fresh produce are common in France. How does this compare with your country? How do France and your country compare with respect to when and where food is purchased?

_____

_____

_____

_____

_____

_____

_____

_____

_____

CHAPITRE 14

Module XI: Le papillon

VOCABULAIRE À RECONNAÎTRE

Il s'agit de la voiture

se garer	*to park*
un parcmètre	*a parking meter (see Activity D, next page)*
une contravention	*a ticket; fine*
un papillon	*parking ticket (lit. butterfly)*
le stationnement	*parking*
sous l'essuie-glace	*under the windshield wipers*
acheter un timbre fiscal	*to buy a stamp (for paying a fine)*
coller le timbre sur le papillon	*to stick the stamp on the ticket*

Au bureau de tabac

des timbres-poste	*stamps (for mailing)*
des timbres fiscaux	*stamps (for paying fines)*
des allumettes	*matches*
des briquets	*lighters*
des bonbons	*candy*
des billets de loto	*lottery tickets*

A **Au tabac.** Study the list **Au bureau de tabac,** above. Identify three additional articles that are also sold in a **tabac** (see *Entre amis*, pages 254 and 258).

_____

_____

_____

B À compléter. Watch video module 11 and then complete the following sentences by choosing the appropriate answer.

1. Le conducteur a _____ sa voiture.
   a. loué
   b. acheté
   c. vendu

2. Le conducteur est embarrassé d'entrer au tabac parce qu'il ne _____ pas.
   a. boit
   b. fume
   c. conduit

3. Un passant cherche la poste, mais elle est fermée depuis _____.
   a. une heure
   b. une demi-heure
   c. un quart d'heure

C Un papillon! Complete the following sentences.

1. Dans ce contexte, le mot «papillon» veut dire _____. (une cravate, un insecte, une contravention)

2. Il dit qu'on lui a donné un papillon pour _____ minutes de stationnement. (5, 10, 15)

3. L'homme qui a eu la contravention est de nationalité _____. (française, suisse, belge)

4. D'après cette vidéo, il faut que cet homme aille _____ pour acheter un timbre fiscal. (à la poste, au tabac, à la gare)

D Réflexion. In France, the **parcmètre** is a machine (distributed one or two per city block) where you purchase tickets indicating the time you can legally park. Explain to a foreign visitor how the parking meter works in your country. How is a fine paid for a parking ticket in France, according to the video, and how does this compare with the paying of fines in your country?

_____

_____

_____

_____

_____

_____

_____

_____

CHAPITRE 15

Module XII: La Fête de la Musique

VOCABULAIRE À RECONNAÎTRE

À la Fête de la Musique

On fait la fête.

On danse et on voit des concerts.

On consulte le programme pour savoir à
   quelle heure les concerts ont lieu.

We have a great time.

We dance and see concerts.

*We check the program to find out what
   time the concerts take place.*

Dans quel endroit?

ailleurs	*elsewhere*
dans le coin	*in this area*
là-bas	*over there*
juste à côté	*nearby*
partout	*everywhere*

Quelques expressions pour dire *au revoir* (see *Entre amis,* page 129)

à bientôt	*see you later*
bisous	*kisses*
On s'appelle?	*We'll speak on the phone, OK?*
tchao	*bye*

Note culturelle

Une fois par an, le 21 juin, la France célèbre la **Fête de la Musique.** Pendant une
journée, il y a de la musique de toute sorte.

A **Qu'en pensez-vous?** Draw lines to indicate your personal reaction to the various types of concerts available at the **Fête de la Musique.**

1. de l'opéra

2. de la musique classique

3. de la musique folklorique   a. C'est vraiment super!

4. du jazz   b. C'est sympa *(nice)*!

5. du rock   c. Ça ne m'intéresse pas.

6. de la musique d'Amérique latine

7. du flamenco

B **Qu'est-ce qu'ils disent?** Watch video module 12 and then draw lines to identify the people who make the following statements.

1. Alissa   a. Tu connais la Fête de la Musique?

2. Betty   b. Alors, il y a Joe Cocker à République ...

3. Jean-François   c. Il faudrait qu'on aille trouver Betty.

4. Moustafa   d. Si on allait leur dire qu'on a aimé leur concert?

5. Yves   e. Allez, bisous. Tchao, les mecs *(guys)*!

C **Où sont ces concerts?** Watch video module 12 and then draw lines to indicate where each concert takes place, according to the video.

1. du flamenco   a. à l'hôtel de Sully

2. du jazz   b. partout

3. du rock   c. à la République

4. Joe Cocker   d. juste à côté

5. de la musique d'Amérique latine   e. au musée Picasso

D **À la Fête de la Musique.** Complete the following sentences.

1. Jean-François invite _____ à la Fête de la Musique.
   (Alissa, Betty, Marie-Christine)

2. La Fête de la Musique est au mois de _____.
   (mai, juin, juillet)

3. La copine qu'ils vont retrouver à un autre concert s'appelle _____.
   (Alissa, Betty, Marie-Christine)

4. Moustafa a consulté son _____ pour savoir à quelle heure chaque concert devait avoir lieu.
   (livre, programme, ticket)

5. Les jeunes guitaristes vont faire _____.
   (une émission, un disque, une excursion)

NOM _____ DATE _____

E **Réflexion.** The **Fête de la Musique** involves amateur musicians as well as professionals. What are the advantages and disadvantages of such a nationwide cultural celebration? Are there any similar cultural events in your country? Why or why not?

_____

_____

_____

_____

_____

_____

_____